生态文明视角下"多规合一"实现路径研究及实证分析

Research on Realization Path towards
"Multiple Planning Integration" in the Perspective of
Ecological Civilization and Its Empirical Analysis

唐丽静 ⊙ 著

九州出版社
JIUZHOUPRESS

图书在版编目（CIP）数据

生态文明视角下"多规合一"实现路径研究及实证分析 / 唐丽静著 . -- 北京：九州出版社 , 2021.10

ISBN 978-7-5225-0569-5

Ⅰ . ① 生… Ⅱ . ① 唐… Ⅲ . ① 国土规划—研究—中国 Ⅳ . ① F129.9

中国版本图书馆 CIP 数据核字（2021）第 199796 号

生态文明视角下"多规合一"实现路径研究及实证分析

作 者	唐丽静 著	
责任编辑	肖润楷	
出版发行	九州出版社	
地 址	北京市西城区阜外大街甲 35 号（100037）	
发行电话	（010）68992190/3/5/6	
网 址	www. jiuzhoupress. com	
印 刷	廊坊市海涛印刷有限公司	
开 本	880 毫米 ×1230 毫米 32 开	
印 张	8.25	
字 数	151 千字	
版 次	2021 年 10 月第 1 版	
印 次	2021 年 10 月第 1 次印刷	
书 号	ISBN 978-7-5225-0569-5	
定 价	58.00 元	

前　言

　　我国土地资源利用由规划引导，长期以来，不同部门基于不同的规划理念、编制思路以及目标定位来编制符合本部门一定时期内土地利用需求的规划。然而，区域土地资源具有唯一性，同一区域土地资源的共同利用必然会导致土地资源管理混乱、土地资源利用效率低下，当前，这一问题也已在我国土地利用中凸显。为促进土地资源优化配置、提高政府空间管制能力，2014年8月，国家层面正式发文推动"多规合一"，2019年1月，中央通过《关于建立国土空间规划体系并监督实施的若干意见》，并明确指出将空间规划融合为统一的国土空间规划，实现"多规合一"，学界和地方政府积极响应，从体制机制、技术等方面开展大量理论研究及实践，为我国"多规合一"工作的开展以及构建国土空间规划体系提供了大量有益的理论基础及实践经验。但"多规合一"推动至今，"多规"到底该怎样"合一"？"多规合一"该以怎样的路径实现？尚未形成统一意见。自党的十八大以来，生态文明成为我国整体改革的语境，"多规合一"作为生态文明体制改革的重要组成部分，需要将"多规合一"放在生态文明建设背景下才能把握其核心要义。由此可见，生态文明背景下，如何实现"多规合一"已成为当前国土空间规划体系构建中亟需解决的科学问题。因此，开展生态文明背景下"多规合一"实现路径研究具有十分重要的理论和现实意义。

基于此，本研究首先对国内外相关研究进行总结梳理，分析国内"多规合一"的相关研究成果以及国外发达国家空间规划体系相关研究，总结研究进展、借鉴意义以及研究的不足；其次，系统分析生态文明对"多规合一"工作开展的启示，并提出生态文明视角下"多规合一"的准则；最后，构建了生态文明视角下"多规合一"实现路径，并以山东省沂源县为例进行实证分析，为实现生态文明视角下的"多规合一"，建立科学的国土空间规划体系提供了理论依据和方法支撑。

本研究的主要结论如下：

（1）"多规合一"的本质为解决"多规"因规划理念、规划目标、规划原则不统一而导致的多种规划间冲突。鉴于生态文明为我国当前整体改革的语境，"多规合一"既然作为生态文明体制改革的重要组成部分，生态文明理念应成为"多规合一"的指导理念。生态文明理念指引下，"多规合一"要兼顾生态保护目标及社会经济发展目标的落实，以此来改变传统规划重经济轻生态的现象，并严格遵循生态优先原则，优先落实生态保护目标。同时，"多规合一"的实现，要以全面性与可操作性、生态优先与社会经济生态协调、重点要素保障、刚性与弹性结合、区域性与普适性、相对稳定性为原则。

（2）生态文明视角下的"多规合一"可以通过技术与空间管制协调两条路径实现，其中，技术实现路径主要包括坐标统一、规划期限统一、土地资源数量配置统一以及空间管制分区统一四个方面。

（3）"多规合一"的根本目的为实现对土地资源的科学管控，生态文明应引导"多规合一"中的土地资源科学管控，主要包括土地资源配置科学与空间管制科学两方面。生态文明视角下，"多规合一"土地资源配置科学应体现在优先落实生态保护目标，在配置土地资源数量及划定空间管制区过程中优先确定生态保护红线规模、优先划定生态保护红线，并以生态保护红线作为"多规"土地利用底线，"多规合一"土地资源配置科学还应体现在在社会经济发展目标任务实现过程中充分考虑区域的可承载能力。生态文明视角下，"多规合一"空间管制科学，应体现在优先对生态保护红线进行刚性管控，并且对各类社会经济发展目标任务规模保障管制区进行刚性管控，在此基础上，以维持生态平衡以及尽力保障区域整体生态服务价值为准则，实现"多规合一"的弹性管理。

（4）本研究借鉴传统生态足迹理论，以不同用地类型的生态服务价值为切入点，构建基于"多规合一"社会经济发展目标任务、不同用地类型规模及其生态服务功能的改进的生态足迹法，为生态文明视角下"多规合一"中空间规划与发展规划的衔接以及土地资源科学配置提供了方法支撑。生态足迹反映社会经济发展目标任务产生的发展状态及其对土地生态系统生态服务价值的占用状态；生态承载力反映土地资源配置方案对社会经济发展目标任务的支撑状态及其对生态服务价值的供给状态；以生态平衡为底限形成更加合理的社会经济发展分布。

（5）结合生态文明视角下"多规合一"技术实现路径及空间管制协调路径，确定沂源县"十三五"规划期末生态保护红线、耕地、园地、林地、草地、水域、建设用地合理配置规模为41408.56hm²、31509.56hm²、38810.73hm²、12296.70hm²、10678.18hm²、3684.30hm²、12109.12hm²。基于上述规模数据，参照沂源县耕地保护适宜性评价、建设用地适宜性评价结果以及规划期末不同用地类型的预测规模，以落实传统土地利用刚性指标为前提，划定沂源县"十三五"规划期刚性管制区与弹性管制区，其中，划入弹性管制区的用地类型包括耕地、园地、林地、水域。刚性管制区中，生态保护红线管制重点为充分发挥沂源县生态优势，对生态保护红线内的各类生态管制要素实行最严格的管控措施，保障生态保护红线区规模不减少、功能不降低；各类社会经济发展规模保障区与土地利用刚性指标管制区的管制重点为保证管制区内相关地类对沂源县社会经济发展目标任务的规模保障以及承载能力。弹性管制对象为出现生态盈余的耕地、园地、林地、水域，依据其单位面积生态服务价值，建议调减建设用地、园地补充草地以支撑沂源县畜牧业发展目标的实现并建议调减水域以补充被占用生态保护红线。调减后，沂源县耕地、园地、林地依然出现生态盈余，盈余部分可统一作为生态文明视角下"多规合一"的弹性管制区，用于沂源县社会经济发展不可预测的用地需求。

目　录

前　言 ………………………………………………………… 1

第一章　研究介绍 …………………………………………… 1

第一节　研究背景 …………………………………………… 1

一、"多规合一"是有效配置土地资源的重要前提 ………… 1

二、"多规合一"是提升政府空间管制能力的有效途径 …… 2

三、"多规合一"是国土空间规划体系构建的基础保障 …… 3

四、"多规合一"是生态文明建设的战略要求 …………… 4

第二节　研究目的及意义 …………………………………… 6

一、研究目的 ………………………………………………… 6

二、研究意义 ………………………………………………… 7

第三节　国内外研究进展 …………………………………… 9

一、"多规合一"的行政管理机制研究进展 ……………… 9

二、"多规合一"的技术研究进展 ………………………… 12

三、"多规合一"的实践经验 ……………………………… 15

四、国内外"多规合一"实践经验总结 …………………… 23

第四节　研究思路及技术路线……………………………… 27

一、研究思路………………………………………………… 27

二、技术路线………………………………………………… 27

第五节　研究内容、研究方法及创新点…………………… 28

一、主要研究内容…………………………………………… 28

二、主要研究方法…………………………………………… 32

三、主要创新点……………………………………………… 34

第二章　基本概念与理论基础……………………………… 36

第一节　基本概念界定……………………………………… 36

一、多规合一………………………………………………… 36

二、生态文明………………………………………………… 37

三、生态文明对"多规合一"的启示……………………… 38

第二节　理论基础…………………………………………… 39

一、"反规划"理论………………………………………… 39

二、生态足迹理论…………………………………………… 40

三、资源配置理论…………………………………………… 41

四、可持续发展理论………………………………………… 43

五、空间治理理论…………………………………………… 44

第三章　生态文明视角下"多规合一"实现路径分析…… 46

第一节　生态文明视角下"多规合一"实现路径构建的

理念、目标、原则·······················46

一、实现路径构建的理念、目标·············47

二、实现路径的构建原则················49

第二节　生态文明视角下"多规合一"实现路径构建的

总体思路···························53

一、技术实现路径····················53

二、空间管制协调实现路径·············95

第三节　本章小结·······················100

第四章　实证分析·······················104

第一节　研究区概况及数据来源·············104

一、研究区地理位置及行政区划···········104

二、研究区自然概况··················106

三、研究区社会经济概况···············107

四、数据来源及处理··················114

第二节　生态文明视角下"多规合一"土地资源数量

统一配置结果······················117

一、生态保护红线规模确定·············117

二、社会经济发展用地规模确定··········126

第三节　生态文明视角下"多规合一"空间管制分区

　　　　统一配置结果 ··· 158

一、生态保护红线管制区确定 ································· 158

二、"多规"差异分析及处理 ································· 159

三、规划期重点建设项目及土地整治项目空间布局确定··· 163

四、耕地保护相关管制区划定 ································· 163

五、建设用地相关管制区划定 ································· 184

六、园地、林地、草地、水域相关管制区划定············ 204

第四节　生态文明视角下"多规合一"空间管制统一建议··· 211

一、刚性管制建议 ·· 211

二、弹性管制建议 ·· 214

第五节　本章小结 ·· 215

第五章　结论与展望 ·· 218

第一节　主要研究结论 ··· 218

第二节　研究展望 ·· 221

参考文献 ··· 223

后　记 ·· 249

第一章　研究介绍

第一节　研究背景

一、"多规合一"是有效配置土地资源的重要前提

我国土地资源配置由规划引导，长期以来，我国规划编制管理体制分门而治（吕红迪等，2016；林坚，2018），各部门基于不同的规划理念、编制思路以及目标定位编制符合本部门一定时期内土地利用需求的规划（顾朝林，2015）。国民经济与社会发展规划定目标、定任务，土地利用总体规划保耕地、控指标，城市总体规划领方向、谋发展，生态保护红线规划守底线、促和谐。表面来看，不同规划各司其职，共同作用于同一区域的土地资源配置，然而，土地资源作为社会经济发展的载体（张建平，2018；石坚等，2017），尤其作为各部门规划发展诉求的载体，这种同一领域的"多规"并存现象必然会导致区域土地资源成为各部门争夺的焦点，造成多部门共争土地资源的乱象，这种乱象已在我国地方规划实践中凸显

（沈迟等，2015）。就我国而言，土地资源稀缺一直是我国的基本国情，土地资源供需矛盾也一直存在，因此，如何有效配置土地资源就成了永恒的命题。时代推进使中国社会经济不断进步发展，作为社会经济发展的载体，土地的需求程度自然逐渐增大，这就使得原本存在的供需矛盾愈发激烈，然而，当前规划间相互冲突、互不衔接的状态无疑为土地资源的有效配置增加了阻碍。因此，实现"多规合一"就成了必须坚定不移推动的任务，通过"多规合一"来解决"多规"冲突带来的土地资源低效配置问题，使规划真正成为政府部门引导土地资源有效配置的工具。

二、"多规合一"是提升政府空间管制能力的有效途径

规划不仅是政府配置土地资源的工具，也是政府实现空间管制的手段。"空间管制"概念的最早提出可以追溯到二十世纪六十年代北美为控制城市开发强度、限制城市无序开发而提出的成长开发理论（张玉娴等，2009）。1998年，原建设部提出"空间管制"概念（王京海等，2016），随后，原国土资源部与原建设部在本部门土地管理相关法律中均提到"空间管制"概念（汪劲柏等，2008），各部门陆续依据相关法律规范编制各部门规划，空间管制逐渐成为各部门管理土地资源的重要手段。区域空间具有唯一性，空间管制也应具有唯一性（杨玲，2016），但长期以来，我国空间管制职能散落在多个

部门，因此，空间的多头管理不可避免地成为我国空间管制的
客观事实（霍子文等，2016）。不同规划部门管制目标、管制
要求、管制模式、管制精度等的迥然相异使得政府各部门在同
一空间的管制往往出现重叠与缺失，导致各规划部门的管制意
图难以在空间有效落实，严重降低了政府空间管制能力，甚
至在一定程度上制约了区域社会经济的平稳健康发展（徐东
辉，2014）。为提高政府对有限且唯一空间的管制效率，通过
"多规合一"来形成统一、系统的空间管制秩序，优化"多
规"空间管制思路，改变空间开发管制无序、混乱的状态，是
提升政府空间管制能力的有效途径（尹向东，2014；许丽君，
2016）。

三、"多规合一"是国土空间规划体系构建的基础保障

从2013年开始，为坚定推动国土空间规划改革，并为其
提供政策支撑，我国出台诸多文件（许景权，2016），2018年
3月为构建国土空间规划体系，资源部组建，2019年5月，国家
对国土空间规划的构建提出了明确的目标和时间路线，国土空
间规划可见，国土空间规划体系构建已成为我国现阶段必须
完成的一项重要任务（杨保军，2016；沈洁，2018）。客观而
言，我国国土空间规划体系尚未建立，现有规划庞杂（王向东
等，2012；王玉国等，2013），不同层级、不同类型的规划自
成体系，各项规划相互独立并相互影响。不可否认，从实际情

况来看，各项规划之间有效衔接的缺乏使我国现阶段国土空间规划体系总体呈现混乱特征（肖利军，2018）。我国大力推进国土空间规划体系构建，最终目标是解决现行"多规"间的冲突问题，（孙安军，2018），而最初"多规合一"的也是为解决"多规"间冲突而提出。从两者解决问题的最终目标以及产生背景来看，"多规合一"可以看作是为了解决我国国土空间规划体系相关问题而出现，从2014年开始，国家大力推行"多规合一"试点工作的着眼点也是为我国国土空间规划体系构建提供经验借鉴，因此，"多规合一"可以看作我国国土空间规划体系构建的前期基础性保障工作，其实现对我国国土空间规划构建工作的推进至关重要。

四、"多规合一"是生态文明建设的战略要求

十八大以来，我国发展进入新时代，国家发展的重中之重即为践行生态文明，生态文明一度受到前所未有的关注度。在生态文明大力推广的当下，我国社会经济发展已均以生态文明为前提，可以说，我国当前的社会经济发展与生态文明理念已相互融合。除生态文明建设，改革也是我国当前的重大举措，生态文明自然而然就成为我国整体的宏观背景（林坚，2018），"多规合一"是一项重要改革，并且为我国国土空间规划改革的重要组成部分，应在生态文明建设背景下审视"多规合一"。事实上，在国家诸多推动生态文明建设的重要

文件中均明确提出并强调要健全国土空间规划体系、融合现行各类规划，由此可见，"多规合一"已被作为国家生态文明体制改革过程中必须完成的重要任务之一（姜鹏，2018），实现"多规合一"已成为我国生态文明建设的战略要求。

总体来说，"多规"间互不衔接、"各自为政"的现象已成为阻碍我国土地资源有效配置、削弱政府空间管制能力的既定事实，为顺应当前我国社会经济各方面发展对土地资源利用的多元化需求以及政府对土地资源精细化管理的迫切需求，实现"多规合一"已无可争议。同时，作为助力我国国土空间规划体系构建的基础性保障工作以及推动我国生态文明建设的战略要求，实现"多规合一"是我国当前必须推动的重要任务。

面对高效配置土地资源与空间治理能力提升的现实需求以及国土空间规划体系构建与生态文明建设的战略需求，国家发展与改革改委会、原国土资源部、原环保部和住建部等四部委于2014年联合组织推行"多规合一"试点工作，由四部委分别指导不同试点探索"多规合一"如何实现，但客观而言，至今，试点工作的推进并不理想，综合分析其中的重要原因为各试点开展的"多规合一"工作，其实现模式互不相同，统一的"多规合一"实现路径并未形成，"多规合一"实现路径亟需构建。当前，我国明确指出要将生态文明融入社会经济发展的全过程和各方面，从全局性来讲，生态文明参与并引领"多规合一",已成必然要求,并且"多规合一"作为生态文明体制改革的重要任务,必须稳步实现。因此,生态文明背景下,科学的构建"多规合一"实现路径,具有全局性、战略性意义。基于以上背景,本研究基于生态文明视角,构建"多规合一"的实现路径,鉴于在我国不同层级的规划尺度范围内,"多规"之间相互冲突最严重的县级尺度,同时,践行"多规合一"最有利的尺度也是县级尺度(牛慧恩,2004;张永姣等,2016),本研究以山东省沂源县为例进行实证分析。

第二节　研究目的及意义

一、研究目的

结合当前我国"多规合一"理论研究及试点探索成果,借鉴反规划理论、生态足迹理论、资源优化配置理论、区位理论、人地关系协调理论等相关理论及研究范式,生态文明视角下,构建"多规合一"实现路径,科学引导"多规合一"。具体来说,本研究期望达到如下目标:

(1)探寻以生态文明理念为指导思想的"多规合一"理论依据及逻辑脉络,尝试构建理念、目标、原则一致前提下,生态优先、承载力约束、社会经济生态协调发展三者有机统一的"多规合一"实现路径理论框架。

（2）探索生态文明融入"多规合一"的准则，构建学科间相互融合的技术方法体系，实现土地利用复合系统自然、社会、经济相互作用过程的定量表达，为理论框架提供定量化技术支持。

（3）面向对有限且唯一空间的系统、有序管控，以实现"多规合一"层面空间管制层面的刚性与弹性，提出生态文明视角下，"多规合一"层面空间管制的刚性与弹性管控要求，提高政府空间管制的强制性及灵活性。

二、研究意义

（1）理论意义

自"多规合一"开展以来，有关领域的相关学者围绕如何实现"多规合一"开展了大量理论研究，地方政府也进行了大量实践（严金明等，2017），这些理论研究成果和实践经验对我国"多规合一"任务的实现起到不可或缺的重要支撑作用。但仍有诸多问题亟待解决：生态文明背景下，我国"多规合一"改革的持续推进究竟该以怎样的路径实现？生态文明怎样融入"多规合一"？发展规划与空间规划长期割裂，两者究竟该如何衔接？生态文明背景下，如何以"多规合一"为契机有效配置土地资源？在传统规划中，对空间进行有效刚性管控与弹性管理的遗憾在"多规合一"层面如何实现？以上议题还没有被系统的讨论过。本书基于以上议题，构建生态文明视角下"多规合一"实现路径框架，在此框架下，提出生态文明参与"多规合一"，发展规划融合空间规划，"多规合一"规划理念、目标、原则一致下土地资源有效配置的理论依据与定量表达方式以及基于刚性管控与弹性管理的"多规合一"空间管制模式，对未来"多规合一"任务的有序推进乃至国土空间规划体系的构建具有一定的理论意义。

（2）实践意义

2014年，国家层面正式发文推动"多规合一"，我国学术领域以及不同地区对"多规合一"积极响应的状态体现了现阶段在土地资源供需压力逐渐增大、规划间矛盾冲突带来的负面影响日渐凸显的情况下，我国各地对"多规合一"的迫切需求。2014年以来，除了国家规定的试点地区，一些因规划冲突导致地方土地管理出现诸多困境而迫切希望实现"多规合一"的地区也自主开展"多规合一"（桑劲等，2017）。诚然，从"多规合一"推行至今，随着相关研究的不断推进，"多规合一"逐渐演化为推动我国国土空间规划体系构建的重要基础环节，为全面完成深化规划体制改革的系列要求（赵雲泰等，2018），"多规合一"的实现仍需被深入研究。

在我国，与市域、省域、乡镇等行政层级相比，县域相对来讲是较为稳定且较为完整的行政单元，也是落实规划管理、提高我国规划体制健全度的最佳尺度，因此，本书以县域作为研究对象，并选取山东省屋脊生态高地——沂源县作为研究案例。沂源县发展以农业为主，伴随着县内经济发展需求，基于县内独特的生态优势以及工业发展优势，生态旅游发展与工业集聚发展逐渐成为沂源县经济支柱，使得农业发展、生态发展、建设发展对土地资源的需求日益增大，土地资源配置矛盾激化，各部门多方面发展诉求引发的规划间矛盾以及导致的土地资源管制效率低下已严重制约沂源县社会经济的健康发展，推动"多规合一"、有效配置土地资源、加强土地资源管制效率，已成为沂源县社会经济发展过程中必须解决的关键问题。以沂源县为例进行实证分析，对丰富我国"多规合一"实现经验具有重要实践意义和参考价值。

第三节　国内外研究进展

一、"多规合一"的行政管理机制研究进展

有关学者认为，我国"多规合一"的顺利实现要以协调明晰的行政管理体制作为前提（朱光磊等，2005；张翔，2011），并且彻底、有效地解决现行各项规划的多种矛盾，最终实现"多规合一"是我国行政管理体制走向合理化的直接成果呈现。因此，在"多规合一"实现过程中一定要重视政府

行政管理作用的发挥。也有学者认为，国家和地方政府可以将"多规合一"实施效果纳入地方政府考核体系（张舵等，2017），并以可操作性为前提辅以符合地方实际的考核制度，保障"多规合一"实现成果。

有关学者认为，"多规合一"实现过程中需要协调的包括管理方式、规划编制方式等几乎每项任务实质上都是不同政府、不同规划部门、不同规划编制人员之间权责与利益重新分配的过程（宣晓伟，2018）。因此，"多规合一"实现过程中要持续推进分权改革，对现行各项规划的职能定位与各规划部门的事权界限必须加以清晰的划分，并且有必要通过法律形式加以规范（苏涵等，2015；詹国彬等，2017；张克，2017）。也有学者认为，尽管当前我国正在大力推动行政管理机制改革，但由于行政管理机制改革牵扯多方利益，短期内可能难以达到预期效果，因此，以行政管理机制改革助力"多规合一"必须辅以相应的监督机制与协调机制，必要时可通过推动试点模式获取经验（郭耀武等，2010；魏广君等，2012；汪子茗，2015）。

有关学者认为，"多规合一"的实现必须要有上位法律的支撑（苏文松等，2014；孟鹏等，2015；金龙新等，2015）。尤其在当前我国现行各项规划均有具有不同法律地位的相关法律法规作为编制依据的情况下，"多规合一"成果的权威、稳定、有效性更离不开上位法律的保障（严金明等，

2017；高小云等，2017）。因此，加快"多规合一"法制建设进程能为"多规合一"成果的地位、编制、审批、实施、管理、协商以及相关法规条例等的制定提供法理依据（梅志敏，2016；李钟俊，2017；张琼，2017），同时，加快"多规合一"法制建设也是政府有效配置土地资源、优化空间管制的重要保障（崔许锋等，2018）。总之，导致我国"多规"冲突的重要因素之一即为现行各项规划都有相关法律法规作为编制依据，虽然我国已经积累大量有益的"多规合一"实践经验，但由于上位法律的缺位，"多规合一"实践成果的稳定性、权威性难以保证，"多规合一"实践成果或将因不可抗指令而发生变动，"多规合一"工作的继续推进也将面临无据可依的状况。因此，"多规合一"要想顺利实现，应最大程度地将"多规合一"如何编制、"多规合一"编制流程、"多规合一"层面的规划实施、"多规合一"各部门管理事权划分、"多规"冲突协商流程、"多规合一"审批技术流程、"多规合一"实施监督等内容以法律法规的形式加以规范。

有关学者认为，"多规合一"的实现要以权责一致为目标，推动规划审批制度改革（姚凯，2010；王吉勇，2013；门晓莹，2014；朱江，2015；沈迟，2015；林坚等，2017；郑泽爽，2017），明确规划审批主体，统一规划审批流程并辅以规划协商机制。"多规合一"层面的规划审批监管，应打破传统行政管理体制模式下形成的审批、监管自成体系问题，并建立

"多规合一"实施反馈机制，定期对"多规合一"落地情况进行审核评估，对"多规合一"实施效果定期评估，保证各项规划编制内容与规划落地紧密结合，增强"多规合一"可操作性（黄勇等，2016）。

二、"多规合一"的技术研究进展

我国"多规合一"的技术研究成果主要集中在"多规合一"基础数据统一、"多规合一"共享平台构建、"多规合一"目标统一、"多规合一"差异图斑处理、"多规合一"控制线划定以及相应空间管制规则构建等几个方面。

有关学者认为，"多规合一"一张蓝图成果的最终完成必须以统一的基础数据来源、用地分类标准、图件编制标准等为基础（王俊等，2011；叶昌乐等，2013；张文彤等，2012；王旭阳等，2018），倘若没有基础数据、用地分类标准、图件编制标准等的统一，"多规合一"一张蓝图的形成也就无从谈起。在以上基础数据统一的基础上，即可构建包含规划基础数据、基础底图、重点项目、空间管控要素的"多规合一"共享数据库，搭建"多规合一"公共信息平台（潘安等，2014；陈善华等，2017；陈雯等，2017；孙玉婷等，2017；金兵兵等，2017；曹阳等，2018），实现各部门规划信息共享，为"多规合一""一张图"管理及规划审批制度改革提供可能性。

有关学者认为，规划目标是各项规划实施的重要抓手

（申贵仓，2016），"多规"通常通过目标设置来反映"多规"实施的侧重点以及一定时期内"多规"在土地利用过程中需要解决的问题（严智丹等，2016）。然而由于"多规"编制的出发点不同，"多规"目标各异成为"多规"冲突的重要来源，因此，"多规合一"的实现需要以统一的目标发展定位为前提。而"多规"目标差异的来源是"多规"规划期限差异导致的规划目标错位（张东升，2016），对于规划期限差异性协调问题，有关学者认为，可以采取短期、中期、长期相结合的方式，将短期规划融入中期、长期规划，既满足规划阶段性目标的实现又要保障规划的全局性与长远性（王向东等，2012；张少康等，2014；陈雯，2000）。

有关学者认为，处理"多规"差异图斑是"多规合一"的重要技术环节也是基础性环节，脱离"多规"差异图斑处理的"多规合一"研究缺乏实践意义，"多规"差异图斑的协调处理对保障"多规合一"一张图的稳定性、科学性以及"多规"土地利用计划的顺利实施至关重要（孔繁宇，2015；王唯山等，2015；刘彦随等，2016）。"多规"差异图斑可以在"多规"底图叠加分析对比并且统计同一空间位置不同地类属性差异的基础上，基于相关目标、指标以及定性分析（张骏杰等，2018），按照一定的原则，经部门协商后协调处理（刘全波等，2013；白鹏等，2017；麻春晓，2018）。

有关学者认为，"多规合一"实质上是一种以协调为主的空间管制手段（杨玲，2016），其中，通过"多规合一"控制线的划定确定空间管制分区并辅以相应的空间管制规则是解决"多规"冲突的重要手段，也是"多规合一"的重要工作内容之一（梁启帆等，2016；王晓等，2016），而"多规合一"一张蓝图最终成果也应包括区域空间需要保护与支撑区域发展的各类要素空间管制边界以及各类要素统一的空间管制规则。当前，我国"多规合一"控制线划定以及空间管制规则制定主要集中在以生态安全控制线划定以及相应空间管制规则制定（王岳等，2016；朱江等，2016；杨楠等，2017；景哲，2017；谭兴业，2017；何书言等，2017；古超，2017；姬超，2018；马琪等，2018；马明等，2018）、粮食安全控制线划定以及相应空间管制规则制定（朱美青等，2016；李秉宇等，2016；汪晓燕，2017；史家明等，2017；闵媛慧等，2017）、空间开发边界划定以及相应空间管制规则制定（谢英挺等，2015；范小勇等，2016；林小虎等，2016；沈洁等，2016；马会宁，2016；李冬雪等，2017；张焱等，2017；张子明，2018；吴若谷等，2018；席鹏轩，2018）来逐步衔接"多规合一"空间管制以及全域空间管制分区划定（董志海等，2016；程超，2016；罗琛，2016；王婧媛，2017；郭谁琼，2017；张捷，2017；朱江，2018；刘仨，2018）等几方面。

三、"多规合一"的实践经验

"多规合一"是我国社会经济发展到特定阶段的特殊产物，具有鲜明的中国特色，在国外并没有明确的"多规合一"概念，但就其规划协调过程和综合特性而言，已接近空间规划的本质（张永娇等，2016；王志芳等，2017；袁奇峰等，2018）。因此，有必要总结、梳理并借鉴国外主要发达国家空间规划的相关实践经验。现选取典型案例，寻找经验借鉴。

德国空间规划体系的特点为空间规划体系层级与行政管理层级相对应。与联邦、州、地方三级行政管理层级相对应，德国空间规划体系包括联邦、州、地方三个层级的规划（吴志强，1999；蔡玉梅等，2013；周艺霖，2018），其中州层面的规划被划分为州和地区两个层次。德国空间规划体系中每级规划均有相应层级的规划法律、法规以及条例保障其编制、实施。联邦层面规划的主要功能为平衡经济发展、生态保护以及公共服务，并且制定全域发展目标及全域规划战略引导（孙斌栋等，2007），从而对州级层面空间规划的编制进行战略性引导。州级层面规划的主要功能为在客观预测社会经济发展目标的基础上，统筹协调空间保护与发展总体布局，州级层面的规划可以看作对国家层面规划目标的具体呈现。地方层面规划的主要功能为统筹安排地方土地资源具体利用计划，其主要面向区域土地利用的具体实施（周颖等，2006；谢敏，2009）。

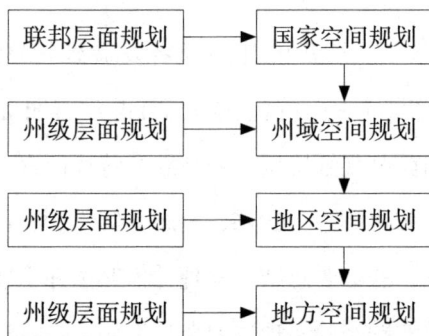

图1.1　德国空间规划

日本空间规划体系总体包括国家层面规划与区域层面规划两个层次（高春茂，1994；唐子来等，1999；逯新红，2011；黄宏源等，2017）。国家层面规划分别基于国家发展计划与土地资源利用目标同步编制全国国土形成规划与全国国土利用规划。区域层面规划包括隶属于全国国土形成规划并服务于区域总体发展的地方形成规划（翟国方，2009；孙立等，2010）、隶属于全国国土利用规划并服务于区域土地资源利用目标的区域国土形成规划（分为都道府县和市町村两个层级）与都道府县层面编制的土地利用基本规划。其中，国土形成规划系列以《国土形成规划》为依据，国土利用规划系列以及土地利用基本规划以《国土利用规划法》为依据。

| 国家层面规划 | → | 全国国土形成规划 | → | 全国国土利用规划 |

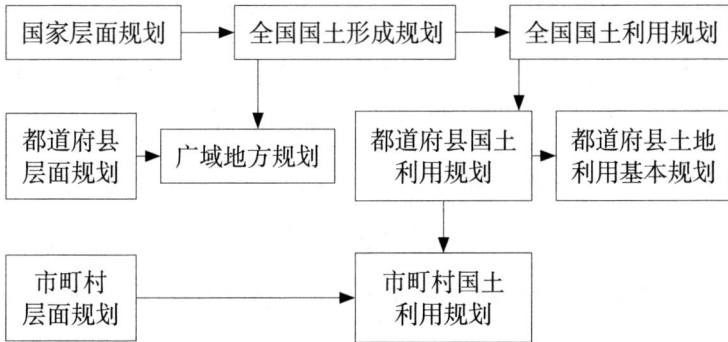

图1.2　日本空间规划

荷兰一直以来都是一个十分注重空间规划合理性的国家（Mstop HJM，2001；Van der Valk A，2002），注重各项规划之间的相互协调（CEC，1997；Hajer M et al.，2000；文辉等，2012）、国家集权管制（Shetter WZ，1987；Davis HWE et al.，1989；Alexander E R，1992）以及规划间明确的等级关系（胡天新等，2006；多米尼克·斯特德等，2009）。荷兰空间规划体系主要分为三级，包括国家级、省级及市级（周静等，2017）。2008年以前，国家层面规划主要以规划决策报告的形式引导国家总体、局部、细节的空间布局（张书海等，2014；梁江等，2014；Needham，B，2014），省级层面规划也以引导性空间结构性部署为主（Faludi A et al.，1994），直到市级层面的规划才有较为详细的土地利用计划。2008年至2014年间，伴随着新版《空间规划法》的颁布，荷兰空间规划体系逐渐演变为两类规划，一类是国家、省、市三级层面的规划均需编制指导土地利用的结构规划（周静等，2017），另一类是国家、省、市三级层面均有专门针对规划实施的土地利用规划（PBL，2012），在这两大类规划中，国家、省级层面的规划对市级层面的规划均有约束作用（Needham B，2005）。随后，随着《环境和空间规划法》出台，荷兰尝试采用整合多部门规划的"环境愿景"，实现每个层级一本规划（Bouma G et al，2016）。

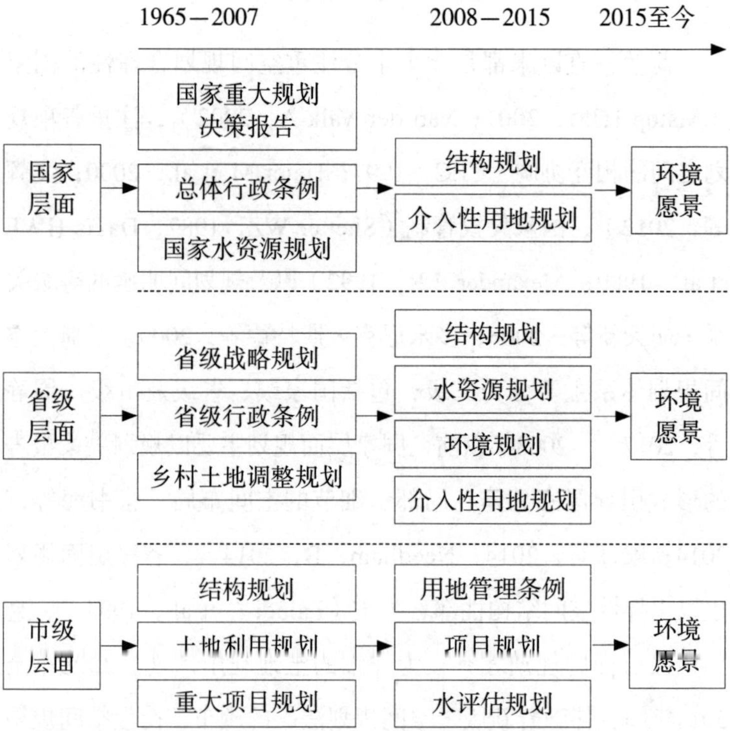

图1.3　荷兰空间规划

英国空间规划体系的核心目标是可持续发展（ODPM，2015；罗超等，2017）。2004年是英国空间规划体系的分水岭（周姝天等，2017），在《规划和强制规划法》颁布以前（Nadin V，2007），英国实行一级或二级的空间规划体系（Cullingworth Barry，2006；吴晓松，2009；张杰，2015），《规划和强制规划法》颁布之后英国空间规划体系层级便与行政层级相对应，分为国家、区域、市镇三级。其中，国家层面规划的主要功能为反映政府总体发展目标，区域层面规划的主要功能为强化落实国家规划内容并注重可持续发展目标的落实以及规划内容的协调，市镇层面规划的主要功能为安排具体土地利用计划（Office of the Deputy Prime Minister，2004；Department for Communities and Local Government，2004）。此外，英国空间规划的最终形成需要经历不断地磋商、公示、听证等程序（张书海等，2018），同时，英国长期设有规划委员会以受理规划上诉事宜。

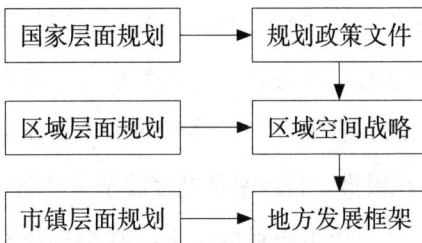

国家层面规划　→　规划政策文件

区域层面规划　→　区域空间战略

市镇层面规划　→　地方发展框架

图1.4　英国空间规划

我国"多规合一"试点工作推广以来，全国试点地区以及诸多非试点地区结合自身区域特点或借鉴典型区域"多规合一"工作经验陆续开展"多规合一"实践。本书选取厦门、上海、重庆、开化为代表,寻求"多规合一"实现经验借鉴。

在厦门,从市政府主要领导到各区主要领导直至各规划部门领导均十分重视"多规合一"工作的开展,"多规合一"相关事宜的协调工作也由各级政府直接负责,政府对"多规合一"的积极作为为"多规合一"的顺利开展提供了组织保障(吴建平,2017)。为顺利完成"多规合一",厦门首先结合国家发展战略以及厦门自身发展定位提出全局发展战略,其次,围绕全局发展战略,厦门编制可实施、可推行的《美丽厦门战略规划》(江苏省城镇化和城乡规划研究中心,2016),并且以战略规划为引导,在摸清自然本底的基础上,明确生态、开发控制线以及空间管制分区(王蒙徽,2015),形成全域"一张蓝图",最终,厦门以统筹协调各专项规划为契机,细化"一张蓝图"(何子张等,2016)。此外,为提升政府行政管理效率,厦门构建包含多部门规划信息、项目信息的"多规合一"共享平台,实现多部门信息的及时互通,以"多规合一"共享平台为支撑(卫丹阳等,2017),厦门积极推动行政审批制度改革(林明华,2017;蔡莉丽,2018),简化审批材料,大大减少行政审批时限。值得一提的是,厦门制定了全国首部"多规合一"法规(郭晓芳,2016;蔡莉丽,2017),同时制定"多规合一"考核、评估体系，保障"多规合一"的顺利实施及有效管理。

上海一直以来都十分重视规划是否能顺利、有效地实施（熊健等，2017）。早在2008年，为解决行政管理体制条块分割带来的规划间冲突弊端，上海抓住行政改革机遇实现规划部门合并（胡俊，2010；李妍等，2017），并以土地利用总体规划（2006—2020年）编制为契机，同步编制城市总体规划与土地利用总体规划，在行政体制、技术、管理等方面探索并实现了"两规合一"。现阶段，在国家大力推动国土空间规划改革背景下，上海在"两规合一"工作的基础上，突出区域发展战略导向，依然以城市总体规划与土地利用总体规划"两规合一"为重心衔接各项规划（邵一希，2016），进行各项规划的整合，推动"多规合一"。上海"多规合一"以统一的规划编制时限、统一的规划编制技术人员、统一的规划编制标准、统一的规划平台（王璐，2018）等为依托，完成生态保护、基本农田保护、文物保护、城市开发边界等多项空间管制边界的划定工作以及空间管制政策的制定，提高全域空间管控水平的同时优化了全域空间格局（姚凯，2010；史家明，2017；吴燕，2017；卢为民，2017）。

重庆也是一个十分注重"多规"协调的地区，重庆的"多规合一"改革历程可以追溯至2007年（王岳，2018），其规划部门与发改部门分别于2007年与2009年牵头组织了"多规合一"工作（余军等，2009；钱紫华等，2010）。重庆"多规合一"的主线为分层次、分阶段建立规划编制体系，逐步化解规划间冲突矛盾（任梗睿等，2017），并且以覆盖全域的法定规划为主，将其他各专项规划的内容逐步落实到法定规划。重庆各项规划的编制均基于政府对不同规划编制部门事权的清晰划分，即全域内的每项空间治理行为均有相应的规划作为依据。此外，为切实规范不同规划部门的职能，重庆专门设立规划委员会，规划委员会的核心工作为强化各项规划之间的相互协调，工作重点为妥善处理"多规"需要协调的各项事宜（吴晓琳，2017），规划委员会的成立使重庆"多规合一"有了明确的推动主体，同时，得益于规划委员会的协调工作，重庆"多规合一"有效融合了各规划部门的规划经验，对政府空间管理职能的发挥起到了重要的推动作用。重庆"多规合一"的另一个可取之处为借助规划条例修订时机，以法律形式规范了重庆对"多规合一"改革的具体要求，使重庆"多规合一"成果有了法律制度的支撑。

开化曾经多次被选为国家级、省级的规划改革试点（周世锋等，2016），这些规划改革试点经验对开化开展"多规合一"工作提供了诸多有益的经验借鉴。开化"多规合一"的顺利开展以多项统一为基础，包括统一的目标发展定位、统一的土地利用导向、统一的技术标准、统一的技术团队以及统一的规划领导组织等方面，这些统一为开化"多规合一"的顺利开展提供了重要支撑（王立军等，2016，李志启，2016）。开化"多规合一"的特色为以主体功能区为主导（朱红芳等，2017），其"多规合一"主线为在摸清区域内资源环境承载能力以及开展空间适宜性评价的基础上，科学的衔接各项规划并且划定空间管制分区（王旭阳等，2018）。

四、国内外"多规合一"实践经验总结

总结梳理上述发达国家空间规划体系特征可以得出以下几点经验借鉴：①发达国家空间规划体系的稳定形成，得益于权威法律法规的保障，法律法规保障是发达国家土地资源利用与管理施行的重要前提。在当前我国统领性空间规划法尚未出台的情况下，为保障我国"多规合一"成果的稳定性，亟须梳理现行"多规"的法律依据，寻求"多规合一"成果的法律保障。②发达国家的空间规划体系均呈现分层明晰的特征并且各项规划功能明确。在我国，"多规"争当统领性规划是造成"多规"打架的重要因素，故我国"多规合一"的实现要在明确"多规"间层级关系的基础上，明晰各部门规划主要功能。③发达国家空间规划大都依据统一的统领性规划目标、理念、原则编制，并以此协调各部门各层级规划。通过分析我国"多规"冲突原因，"多规"编制目标、理念、原则差异是导致"多规"冲突的根源，因此，"多规合一"的实现要以统一的统领性理念、目标、原则为前提。④发达国家空间规划以约束与引导相结合的方式共同作用于区域土地资源利用，其

中，发达国家空间规划的约束方式与我国传统规划采用的土地利用刚性指标下达方式类似，而发达国家空间规划的引导方式则赋予规划在土地资源利用与管理的弹性，但相对于刚性管控而言，我国传统规划对土地资源的弹性管理不足却是事实，这也是导致我国空间管制混乱的原因之一，因此，我国"多规合一"实现过程中需注重刚性管控与弹性管理相结合。

总结当前我国"多规合一"行政管理机制研究进展、技术研究进展以及厦门、上海、重庆、开化的"多规合一"实践经验，可以得出以下几点经验借鉴：①政府对"多规合一"工作的重视程度、"多规合一"工作的开展是否有组织保障以及各规划部门之间的相互配合程度是决定"多规合一"能否实现的关键因素。②"多规合一"工作的开展并不是盲目地将现行所有规划进行全面叠加或者进行简单的拼合，而是在全面分析"多规"冲突来源的基础上，将各项规划按照一定的原则、先后衔接顺序进行有效的协调融合，在各项规划协调融合过程中，全域统领性发展目标的确定至关重要。③"多规合一"的实现要以统一的技术标准为依托，各地"多规合一"实践中采用的空间管制分区并同步配备分区内空间管制要求的方法是实现"多规合一"的有效路径。④保障"多规合一"推进以及"多规合一"成果等相关法律法规的制定与"多规合一"相关事宜的法定化是"多规合一"顺利实现的必要条件。

总体来看，国外发达国家空间治理的高效、有序主要来源于以下几个方面：统一的规划理念、目标发展定位与规划原则，明晰的规划间层级关系，法律法规的有力保障以及刚性管控与弹性管理的有效结合。

国外发达国家空间规划体系中不同层级、不同类型的各项规划均为在规划理念、目标、原则一致情况下编制。事实上，我国"多规"打架的根源就在于"多规"不同的编制原则、发展目标与规划理念（谢锦鹏，2014；郭理桥，2014），正是由于"多规"间规划理念、目标、原则的互不衔接才引发了"多规"在土地利用、管理等方面的诸多矛盾。"多规合一"实质上为解决"多规"理念、目标、原则与社会发展理念、目标、原则协调一致的问题。因此，统领性规划理念以及规划目标、原则的一致性对"多规合一"的实现至关重要。

国外发达国家规划部门之间明晰的层级关系是稳定空间治理秩序的重要前提，同时，理清规划间层级关系、衔接顺序，以一项或多项规划为主逐步进行规划间衔接，也是我国"多规合一"实践成功的有益经验。因此，在当前各项规划依然争做龙头，各地"多规合一"实践模式尚未统一的情况下，清晰的规划间层级关系以及规划间衔接的有序性是保障"多规合一"实现的重要因素。

对于法律法规保障，有学者呼吁国家加快统领性空间规划法律法规的编制，并且依据空间规划法修订现行各项规划法律法规，加快推进我国规划法律法规体系的构建（严金明，

2017;崔许锋,2018)。但客观而言,在当前现行各项规划大都有相应法律法规作为编制依据的情况下,相当成熟的统领性空间规划法在短期内的出台尚具有一定难度,我国规划法律法规体系的构建也需要经历一定的过程。然而,"多规合一"的推动不能因规划法律法规体系的探索而停滞。诚然,法律法规依据是"多规合一"实现的重要保障,因此,现阶段,要保证"多规合一"成果的科学性与相对稳定性,就要尽量寻找现行各项规划的法律依据。

弹性管理是国外发达国家空间管理的重要方式,而规划弹性不仅在我国传统规划的编制与实施中没有被很好地体现,在我国"多规合一"理论研究与实践中也未被很好地解决。弹性不足是我国传统规划执行度不高、频繁调整而导致规划严肃性难以保证的主要原因,需要在"多规合一"中适当弥补。然而,现阶段的"多规合一"较多注重对刚性底线的管控,对"多规合一"弹性管理的研究却略显不足,因此,"多规合一"要注重弹性管理的实现。

此外,我国"多规合一"的不断推进,与国家及地方政府对"多规"协调的重视程度密切相关。随着自然资源部的组建,国家将分散于不同部门的规划职能进行整合,为部门间的协商沟通带来了便利条件,但在"多规合一"实现过程中如何形成良好的空间管制秩序、"多规合一"刚性管控与弹性管理如何实现等问题还需进一步探讨。

第四节　研究思路及技术路线

一、研究思路

构建生态文明视角下"多规合一"的实现路径是本研究的核心。为有效解决这一核心研究问题，首先必须理清本研究所面临的基础问题，包括什么是生态文明、"多规合一"，分析生态文明与"多规合一"之间存在怎样的关系，生态文明融入"多规合一"的准则等，都需要展开系统、规范的研究，为后续研究提供基础。其次，从国外发达国家空间规划体系构建以及国内"多规合一"实践经验来看，生态文明视角下"多规合一"实现路径的构建，要以确定统领性规划理念与设定统一的规划目标、原则为前提，在此基础上，分析"多规"法律依据，探寻"多规"间层级关系，设计生态文明视角下"多规合一"的技术实现路径，技术实现路径主要围绕生态文明融入"多规合一"的定量表达、发展规划与空间规划有效衔接、"多规合一"土地资源有效配置、"多规合一"刚性管控与弹性管理有效结合等方面展开。最后，响应国家提高政府空间管控能力，构建生态文明视角下"多规合一"空间管制协调实现路径。

二、技术路线

本研究以"问题提出—问题分析—方法应用—实证分

析"为思路，从分析生态文明背景下"多规合一"实现的必要
性出发，提出研究的主要目标和意义。在系统梳理"多规合
一"国内外研究现状与启示的基础上，阐述生态文明与"多规
合一"的理念内涵以及生态文明融入"多规合一"的准则，综
合运用反规划理论、生态足迹理论、资源配置论、可持续发展
理论、空间治理理论等相关理论知识，系统分析引导生态文明
视角下"多规合一"实现路径构建的理念、原则、目标，从而
构建生态文明视角下"多规合一"的技术实现路径及空间管制
协调路径，最后在山东省沂源县开展了实证研究。本研究的具
体技术路线如图1.5所示。

第五节　研究内容、研究方法及创新点

一、主要研究内容

本研究在系统梳理国外发达国家空间规划体系构建成功
经验及国内"多规合一"理论及实践研究现状基础上，深入剖
析了现阶段国内外相关研究对"多规合一"实现路径构建的启
示，从生态文明融入"多规合一"准则分析出发，提出生态文
明视角下"多规合一"实现路径构建的理念、目标、原则，构
建了生态文明视角下"多规合一"的实现路径，最后以山东
省沂源县为例进行了实证研究。本书的主要研究内容主要有
四个：

```
                              ┌──────────────┐
                              │  问题的提出   │
                              └──────┬───────┘
                                     ↓
战略            ┌─────────────────────────────┐           对策
选择            │    土地资源有效配置           │
┌────────┐  →   │  政府空间管制能力提升          │  →    ┌──────────┐
│ 生态文明 │     │  国土空间规划体系构建          │       │"多规合一" │
└────────┘      └──────────────┬──────────────┘       └──────────┘
                               ↓
              ┌─────────────────────────────────┐
              │ 生态文明、"多规合一"等相关概念界定  │
              └──────────────┬──────────────────┘
                             ↓
              ┌─────────────────────────────────┐
              │ 生态文明视角下"多规合一"准则       │
              └──────────────┬──────────────────┘
                             ↓
              ┌─────────────────────────────────┐
              │      研究基础理论分析             │
              └──────────────┬──────────────────┘
                             ↓
    ┌───────────────────────────────────────────────────┐
    │ 生态文明视角下"多规合一"实现路径构建的理念、原则、目标确定 │
    └──────────────────────┬────────────────────────────┘
                           ↓
    ┌───────────────────────────────────────────────────┐
    │   生态文明视角下"多规合一"实现路径构建              │
    └──────────────────────┬────────────────────────────┘
```

技术路径 ｜ 空间管制协调路径

坐标统一 ｜ 期限统一 ｜ 用地分类统一 ｜ 土地资源数量配置统一 ｜ 管制分区统一 ｜ 土地资源空间 ｜ 刚性管控 ｜ 弹性管理

```
              ┌─────────────────────────────────┐
              │  实证研究——以山东省沂源县为例      │
              └──────────────┬──────────────────┘
                             ↓
              ┌─────────────────────────────────┐
              │     主要结论及政策建议           │
              └─────────────────────────────────┘
```

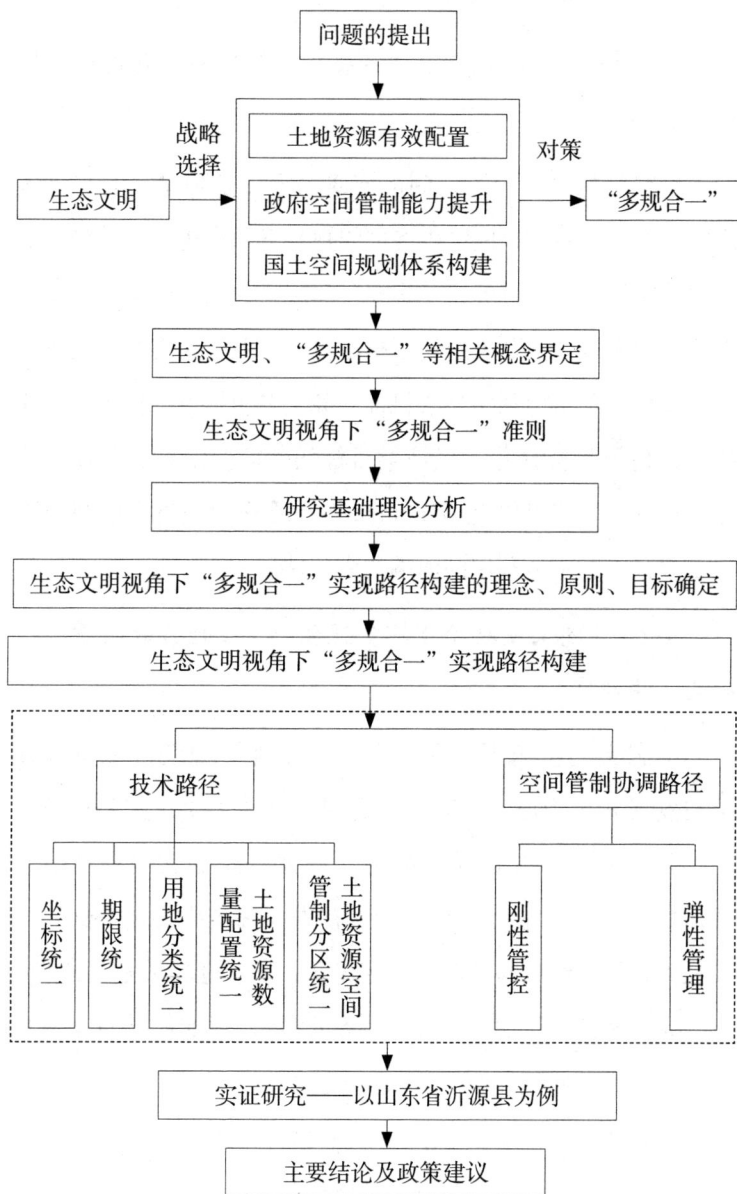

图1.5　研究技术路线图

（1）生态文明视角下"多规合一"的土地利用核心目标任务确定

研究分析"多规"之间的层级关系以及生态文明与"多规"之间的关系，是回答生态文明视角下"多规合一"如何实现的首要问题。通过分析"多规"间层级关系，确定生态文明视角下"多规合一"土地利用核心目标任务。生态文明视角下"多规合一"土地利用核心目标任务主要包括生态保护目标任务、人口类目标任务、经济类目标任务以及土地利用核心管控目标任务，其中生态保护目标任务要作为生态文明视角下"多规合一"土地利用的前端约束条件。

（2）生态文明视角下"多规合一"土地资源数量统一配置方法研究

生态文明视角下"多规合一"土地资源统一配置以保护与发展并重为原则。确定生态保护红线为生态文明视角下"多规合一"工作的第一要务，因此，生态文明视角下，"多规合一"土地资源统一配置首先应确定生态保护红线规模。生态保护红线确定后，"多规合一"土地资源统一配置应是支撑全域社会经济发展目标任务的实现，因此，依据全域社会经济发展目标任务，依据社会经济发展目标任务占用各类型土地资源需求，形成社会经济发展目标任务土地利用需求规模。另外，生态文明视角下，区域社会经济发展要与可承载能力为参照，因此，结合区域土地利用现状、"多规"用地安排、区域特色发展优势等多方面因素对社会经济发展目标任务土地利用需求规模进行调整，最终确定生态文明视角下"多规合一"土地资源统一配置规模。

（3）生态文明视角下"多规合一"空间管制分区统一方法研究

生态文明视角下"多规合一"空间管制分区统一，要突出生态保护红线的基础制约作用，并立足于生态文明视角下"多规合一"土地资源统一配置数量，同时要注重依据现状地类空间分布，重点协调生态保护红线、耕地、建设用地相关管制分区布局。生态文明视角下"多规合一"空间管制分区划定首先划定区域生态保护红线，在此过程中，协调生态保护空间与发展占用生态保护空间的冲突。然后依据资源禀赋与社会经济发展水平等因素进行空间建设用地适宜性评价，以此为底盘，摸清区域建设用地适宜性分布状况。在建设用地适宜性评价的同时进行耕地保护适宜性评价，结合现状耕地、建设用地布局以及土地资源统一配置数量，确定建设用地、耕地相关管制分区，最终在确定生态保护红线、耕地保护、建设用地相关管制分区的基础上，确定园地、林地、草地、水域等相关管制分区。

（4）生态文明视角下"多规合一"空间管制协调路径研究

研究构建生态文明视角下"多规合一"刚性管控与弹性管理相结合的空间管制协调路径。

二、主要研究方法

（1）基础研究方法

文献研究法：即生态文明视角下"多规合一"实现路径的构建要以系统分析国内外相关研究为基础。本书的文献研究主要分为当前"多规合一"的理论研究进展以及国内外的实践经验。在系统分析国外发达国家空间规划体系构建可借鉴经验以及国内"多规合一"研究领域有益借鉴经验的基础上，总结国内外现有相关研究对本研究的启示。

统计分析法：主要用于对研究区社会经济生态等基本概况的分析，研究区"多规合一"生态保护目标、社会经济发展目标任务土地资源需求量分析，研究区"多规合一"社会经济发展目标任务生态足迹分析，研究区"多规"引导下生态承载力分析等研究环节。

空间分析法：本研究中涉及耕地保护相关评价指标的计算、建设用地适宜性评价相关指标的计算、空间综合叠加分析等都充分利用GIS空间数据处理。所采用的软件主要为

ArcGIS10.2。

多因素综合评价法：具体包括特尔斐法、GM（1，1）、发展趋势分析法等方法。主要用于建设用地需求规模测算、生态保护红线划定、基本农田划定、建设用地适宜性评价等具体研究环节，确定评价指标的权重以及规划方案的整合等。

（2）生态文明视角下"多规合一"土地资源数量统一配置采用的方法

生态文明视角下"多规合一"土地资源数量统一配置主要借鉴传统生态足迹法。传统生态足迹法包括生态足迹计算与生态承载力计算两部分，以具有不同生物生产能力的生物生产性土地作为基本评价指标，生态足迹是指支撑一个国家或区域人口所有消耗项目所需生物生产面积的总和，生态承载力是指能够承载一个国家或区域所有消耗项目生物生产面积的总和，生态承载力与生态足迹的差值反映国家或地区对其消耗需求的可承载能力。

本研究将传统生态足迹法进行改进，以具有不同生态服务价值的生物生产性土地作为基本评价指标，结合国民经济核算规则，测算"多规合一"社会经济发展目标任务产生的生态足迹，并与"多规"引导下的生态承载力做比较，以生态平衡为标准，以区域整体生态服务价值最大呈现为基准，确定生态文明视角下"多规合一"土地资源统一配置数量。

（3）生态文明视角下"多规合一"空间管制分区统一采用的方法

模型评估法：模型评估法主要应用于生态保护红线的划定，模型评估法主要用于生态功能重要性评估与生态环境敏感性评估。本研究模型评估法主要借鉴《生态保护红线划定指南》推荐的相关评估方法。

LESA方法：耕地保护相关管制区划定主要采用LESA方法，从耕地质量、耕地正向立地条件、耕地负向立地条件三方面构建耕地保护相关管制区划定综合评价指标体系，在单指标评级基础上，对耕地保护相关管制区划定的适宜性进行综合评价。

潜力—约束模型：建设用地适宜性评价采用潜力—约束模型，从自然约束因子与区位条件、经济发展驱动力、政策引导等方面构建建设用地适宜性综合评价指标体系，结合建设用地适宜性综合评价体系，通过对空间自然约束条件的基本判断与定量分析以及空间发展潜力的基本判断与定量分析，引导"多规合一"空间布局。

三、主要创新点

（1）本研究借鉴传统生态足迹法，结合国民经济核算规则以及社会经济发展目标任务，构建改进的生态足迹法，将生态文明视角下"多规合一"社会经济发展目标任务进行分解，投射到"多规合一"土地利用中，解决了当前"多规合一"中因发展规划与空间规划割裂而导致的"多规"难对接问题。

（2）本研究提出了生态文明视角下"多规合一"的准则，具体包括"多规合一"要遵循生态优先原则，在"多规合一"实现过程中要优先落实生态保护目标，并作为"多规"土地利用过程中不可突破的前端刚性约束条件；"多规合一"土地资源数量统一配置要以生态承载力为参照，并以尽力保障区域整体生态服务价值最大呈现为基准进行衔接；"多规合一"空间布局要充分考虑生态保护红线及区域重要生态管制要素的空间约束作用。

第二章　基本概念与理论基础

第一节　基本概念界定

一、多规合一

　　"多规合一"是我国"两规合一"与"三规合一"工作的延伸，是为解决我国因规划间矛盾导致土地资源配置效率、政府空间治理能力低下而大力推动的一项重要工作（孟鹏等，2015），是我国国土空间规划领域的一项重要改革。"多规合一"概念于2014年被正式提出，当前，经过四年多的理论研究与实践经验，国内有关学者与地方政府对"多规合一"的内涵界定有着不同的理解，主要形成以下观点：①"多规合一"要实现规划编制部门统一，并由该部门统一制定"多规合一"立法以及统一编制"多规合一"规划（苏涵等，2015）。②"多规合一"要在统一规划坐标、规划期限、规划标准等的基础上，通过"多规合一"数据平台，将现行各项规划进行有效融合，实现区域"一张蓝图"管理（杨郑鑫等，2015；黄勇等，2016）。③"多规合一"即编制一个规划以统筹协调现行各项规划（郭谁琼，2017）。④"多规合一"要以现行各项规划中的某项规划为主，逐步衔接各项规划（王向东等，2012；沈迟等，2015）。

二、生态文明

"生态文明"概念在十七大报告中被首次提出，自此，"生态文明"便引起了学界和政界的广泛关注。当前，国内有关学者与地方政府对"生态文明"的内涵界定也有着不同的理解，形成以下主要观点：①生态文明是人类文明所能达到的最高形态，其最终目的是实现人与自然间的和谐状态，为实现这一目标，在人类社会经济发展过程中，应特别关注对自然的利用方式，合理改造自然，从而使人类社会经济活动与自然发展实现融洽、和睦、友好、共赢、共生的状态（俞可平，2005）。②生态文明是一种政治经济文化形态，其主旨为实现人、自然、社会之间有条不紊、井然有序的共同、协调发展。为实现这一主旨，在人类社会经济发展历程中，应恪守各生态主体本身及各生态主体与自然之间的生存与发展规则（侯现慧，2017）。③生态文明是人类对资源稳定、持续、恒久的开发与利用，在开发与利用过程中，人类必须充分考虑生态资源对自身稳定的维持能力和调节能力，恪守自然生存和发展规则，严格禁止人类对自然的开发利用超出自然本身的维持能力和调节能力（徐彬，2017）。④生态文明是人类文明的发展和延续，是继原始文明、农业文明、工业文明之后，人类文明史上出现的又一伟大的里程碑，也是对人类物质产品和精神产品的延伸和发展（田梅，2011）。⑤生态文明是人类社会经济发展至今出现的最高文明形态，是人类社会文明体系的重要组成部分。生态文明是与物质文明、精神文明、政治文明和社会文明同等重要的人类文明，也是人类为实现人类与自然和谐共存、社会经济生态协调有序发展而付出的全部努力以及为此收获的所有成就（廖曰文等，2011）。

三、生态文明对"多规合一"的启示

本研究认为，我国规划编制的根本目的是落实对土地资源的科学管控，其通过提出对土地资源合理配置与土地资源优化管理意见，来满足区域社会经济发展需求；"多规合一"的实质为一种协调性工作，通过统筹协调不同部门基于不同规划法律法规编制并作用于同一区域的各项规划，协调统一区域土地资源配置，落实多部门对区域土地资源的协同共治，提升规划严谨性与严肃性的同时稳定实现区域社会经济发展需求；而生态文明是人类文明的发展和延续，生态文明的最终目的是达到人类与自然协调发展，为达到这一目的，需要我们在社会经济发展过程中兼顾生态问题。

生态文明视角下，"多规合一"实质为践行生态文明理念，将生态文明融入"多规合一"，落实生态文明背景下对土地资源的科学管控。本研究认为，生态文明视角下的"多规合一"应具体包括以下几个方面内容：①统一区域土地资源数量分配。在土地资源数量统一配置过程中，协调处理区域保护与发展的相对关系，重点强调并优先落实土地资源数量对区域生态安全维护的支撑保障作用，并且在满足区域社会经济发展需求的同时，充分考虑区域社会经济发展需求与区域可承载能力的相互关系，实现生态、经济协调发展。②在统一区域土地资源数量分配的基础上，科学划定空间管制分区。在空间管制分区划定过程中，优先划定生态保护红线区，以生态保护红线区域为约束，以空间管制分区为载体优化区域空间布局。③基于区域空间管制分区划定，制定空间管制规则。生态文明视角下"多规合一"空间管制要重点强化对区域生态保护红线的管控，保障空间管制与土地资源统一配置结果的有效衔接，提高多部门空间管制效率。

第二节　理论基础

一、"反规划"理论

不可否认，在社会经济发展过程中，人类有意或无意忽略了人类生存的基础——生态环境。随着生态环境的不断恶化，其所带来的负面影响已超过经济增长给人类带来的正面效益，在此背景下，"反规划"理论被提出。当前，该理论被广泛应用于如何限制我国快速城市化过程中建设用地的无序扩张。不同于传统的规划理论，"反规划"理论是一种新型的规划途径，它着重强调在区域规划设计过程中优先考虑区域生态系统的完整性以及区域生态系统对社会经济发展的约束作用。"反规划"理论实质上是对传统规划重经济轻生态规划模型的一种反思，该理论的最终目的是构建一种在规划设计中以不建设区域为前提进行规划设计的模式，充分考虑区域生态布局的规划方式（张晓云等，2016）。

总体而言，"反规划"理论有两大重要组成部分（宋真真，2011），一是"反规划"理论旨在建立协调有序的区域协调发展状态以及人、地和谐关系，这就要求我们在规划设计过程中，重点强调人、地和谐关系，紧密结合区域自然环境、人文环境、生态环境等生态因素，以此来保障区域整体生态系统对区域提供生态服务价值的能力，维持区域生态系统与社会经济子系统之间的和谐关系；二是"反规划"理论强调对非建设区域的管控，将非建设区域作为区域建设不能突破的硬性约束条件，以对非建设区域的刚性管控来维持区域生态系统对人类生存发展的基础保障作用。

二、生态足迹理论

生态足迹理论是当今较为流行的一种用于区域可持续发

展评价的定量评价方法。该理论诞生于加拿大，至今已有几十年的研究历史。生态足迹中的"足迹"代指一种占用状态，而"生态足迹"指代生态占用状态。一般而言，生态足迹的计算主要包括两部分，分别为计算人类对生态系统的占用状态和区域对人类生态系统占用的承载状态，生态足迹法以面积作为基本评价指标。运用该理论进行可持续发展评价，基本依据为人类社会经济发展需求对生态系统的占用状态与区域生态系统对其承载状态的相对关系，核心方法为定量测度人类社会经济发展是否在区域生态系统可承载范围内，基本思路为将人类社会经济发展需求通过计量模型转换为承载相应社会经济发展需求的不同用地类型面积，并与区域所能提供的各地类面积相比较，通过对比需求面积与实际承载面积来判断区域可持续发展状态。生态足迹理论的应用意义在于通过区域可持续发展评价，针对性地提出区域可持续发展策略。

三、资源配置理论

资源配置问题的产生，源自一个客观事实：资源具有稀缺性。社会经济发展过程中，人类的不断进步离不开对稀缺资源的需求，由此便产生了资源供需矛盾。矛盾的存在迫使人类不断寻求矛盾化解途径，资源配置就成了矛盾化解的主要方法。资源配置要想达到一个理想标准，一方面要充分利用有限的资源，并尽量满足其对人类社会经济发展的；另一方面要兼顾资源配置带来的综合效益，争取使综合配置效益达到最大化，不仅要保障时间上综合配置效益的最大化，也要保障空间上综合配置效益的最大化。

资源配置研究始于古典经济学。而在古典经济学中，《国富论》对其的阐述最具代表性。该书指出，资源能否达到理想配置状态取决于市场，在市场中隐形的调节机制作用下，资源就能达到最优配置。同时，法律制度约束下的个体，以个体利益最大化为前提，可以将稀缺的资源放到对该个体最有力的地方。再者，资源配置的合理性也受当地劳动力及其整体文化素质水平的影响。

随后，新古典经济学资源配置理论诞生，其研究核心与传统的古典经济学理论相同，即研究资源的合理配置，具体为如何做出科学的资源配置决策，既能有效的配置有限的土地资源又能尽可能地满足人类社会经济发展中的各方面发展需求。传统古典经济学资源配置理论与新古典经济学资源配置理论还有一个共同点，即两者均认为市场在资源配置中起到决定性作用。至于两者的不同点，主要有以下两点：第一，新古典经济学资源配置理论认为资源配置的合理性是以价格为衡量标准；第二，新古典经济学资源配置理论除认可了市场在资源配置中的作用，也承认了政府在资源配置中的重要作用，两者可以弥补彼此在资源配置失灵中的负面影响。

四、可持续发展理论

人类的整个发展史，可以分为人类社会经济发展水平较低的前发展阶段，人类社会经济发展开始起步的低发展阶段，人类社会经济高速发展的高发展阶段以及人类社会经济高速发展与兼顾自然资源可持续承载能力的可持续发展阶段等几个阶段。在前发展阶段，人类对物质生活水平没有较高的要求，对自然的需求较低，当然，由于发展较为落后，人类改造自然的能力也相对较低，对自然的干扰不大。在低发展阶段，人类以务农为主，在这一阶段，由于人类已经开展了对自然的利用活动，自然环境出现低缓的衰退现象。在高发展阶段，出于对物质生活质量的不断追求，社会经济发展迅速，产值相对较高的工业与服务业逐渐成为支柱产业，在这一阶段，人类大幅度改造和征服自然，因此，严重的破坏和污染了自然环境。自然环境恶化给人类带来诸多负面影响，使得人类不得不思考一种新型的发展方式，在此背景下，可持续发展理论被提出，它的研究核心是如何通过人类科学的调控使人类与自然能够长期和谐相处。

1987年世界环境与发展委员会将可持续发展定义为：在满足当前人类社会经济发展需求的同时，又不以满足当前需求为代价损害后续的人类社会经济发展需求。事实上，可持续与发展共同组成了可持续发展的内涵，其中"可持续"的内涵可以解读为以对地球上自然资源的可持续利用为目标，为实现该目标，人类需不断丰富自己的知识，提高改造自然的技术水平。在"可持续"的前提下，发展的内涵不再仅仅指社会经济的发展，还包括在社会经济发展过程中平衡社会经济与自然环境之间的相互作用关系，提高人类社会环境的精神文明水平。

五、空间治理理论

空间是社会关系的产物，空间不是静止的，它可以被看作承载人类社会经济发展的载体。从这个角度来看，空间至少包含两部分，一部分为自然空间，即承载人类社会经济发展的空间，另一部分即为被承载的社会经济发展空间。

治理这一概念的最早提出可以追溯到19世纪晚期，治理这一概念是在社会经济整体环境的变化，在国家政治变化、经济危机出现、传统国家发展模式已不适应时代变化要求、政府角色必须进行重新定位的现实需求下被提出。就我国而言，20世纪90年代开始，我国境内就已经存在治理理论的相关研究。在治理理论指引下，存在于我国政治、经济、生态等方面的主要矛盾得到有效化解。

而空间治理主要指对社会经济活动空间的治理。总体而言，以空间治理来有效调控资源配置，以此来保证对空间的有效利用，促进不同地区间的均衡发展是空间治理的目的之一。而另一方面，以空间治理来对空间资源进行重新分配、组合，对空间结构进行优化，协调不同地区地方政府由于空间资源配置带来的利益矛盾，在此基础上，制定相应的配套政策措施，是空间治理的另一目的。总体而言，空间治理的最终目的是实现空间的资源配置公平，以空间治理为手段促进空间内所有对象都趋向公平化发展。

第三章　生态文明视角下"多规合一"
实现路径分析

第一节　生态文明视角下"多规合一"实现路径构建的
理念、目标、原则

从表面来看，"多规合一"是研究怎样将各项规划合在一起，但实际上，"多规"冲突的本质根源在于"多规"编制时各自的规划理念、规划目标、规划原则就已出现冲突（孟鹏等，2015），进而导致"多规"在诸多方面出现不相协调，"多规合一"如若不解决"多规"理念、目标、原则一致问题，"多规"矛盾依然会以不同的方式显现。因此，系统地研究基于"多规"统一规划理念、原则、目标导向下的"多规合一"更具意义。通过前述分析可知，国外发达国家规划间对土地资源的协调共治以及国内"多规合一"成功案例均以统一的规划理念、原则、目标导向为前提，故"多规合一"实现路径的构建首先要明确统一的规划理念、规划目标以及规划目标。

一、实现路径构建的理念、目标

当前，我国整体改革的语境为生态文明建设（林坚，2017），任何领域的改革都要服从并且服务于生态文明建设，"多规合一"作为生态文明体制改革的重要组成部分，以生态文明理念引导"多规合一"实现路径的构建毋庸置疑。

就当前中国社会经济发展阶段而言，保持社会经济稳定健康发展始终是重要问题。生态文明理念指引下，"多规合一"既要兼顾生态文明又要保障社会经济的稳定健康发展，这就要求"多规合一"实现过程中要改变传统规划注重社会经济发展而相对来讲忽视生态保护的状况以及由于规划编制部门分割而导致各类保护规划相对处于弱势地位的状况。因此，生态文明视角下的"多规合一"要统筹协调区域生态保护目标与社会经济发展目标，并坚持生态优先，优先落实区域生态保护目标。

落实区域生态保护目标是"多规合一"的首要任务，即实现"多规合一"，首先要明确保障区域生态安全的生态保护红线，以此来引导和约束区域社会经济发展。传统规划在编制过程中虽然对生态保护有所考虑，但客观而言，传统规划并没有将生态保护作为规划必须严格遵守的执行指标从而导致"多规"对生态保护的重视程度普遍偏低。与此同时，"多规"对生态保护的认识差异往往导致了同一区域生态保护规模、生态管制边界、空间管制规则的差异，不利于区域生态保护工作的推进，降低了区域生态管制效率。因此，有必要通过"多规合一"强调、落实生态保护，提升政府生态管制效率，将对区域具有重要生态服务功能以及因生态敏感性、脆弱性需要被保护的各类生态管制要素进行有效管制，作为区域生态保护红线，成为区域"多规合一"生态保护目标。

国民经济与社会发展规划是宪法要求编制的规划（许景权等，2017），是指导区域社会经济发展工作的总纲（孙炳彦，2016）。《中华人民共和国土地管理法》第十七条规定："应当依据国民经济和社会发展规划、国土整治和资源环境保护的要求、土地供给能力以及各项建设对土地的需求，组织编制土地利用总体规划"；《中华人民共和国城乡规划法》第五条规定："城市总体规划、镇总体规划以及乡规划和村庄规划的编制，应当依据国民经济和社会发展规划，并与土地利用总体规划衔接"；《中华人民共和国环境保护法》第十三条规定："国务院环境保护主管部门会同有关部门，根据国民经济和社会发展规划编制国家环境保护规划，报国务院批准并公布实施"。从法律依据来看，国民经济与社会发展规划应作为各项规划的龙头以及各项空间规划编制的依据。但一直以来，我国国民经济与社会发展规划与其他各项空间规划的衔接性较弱，国民经济与社会发展规划的空间意识也较弱，导致了我国发展规划与空间规划的长期割裂，并且国民经济与社会发展规划与空间规划如何"合一"在当前"多规合一"理论研究与实践中也未得到很好的解决,这在一定程度上阻碍了我国"多规合一"的进程。因此,"多规合一"要将国民经济与社会发展规划中与土地利用相关的重要目标任务作为主要依据,并兼顾长期以来"多规"较为关注的土地利用核心管控目标,成为"多规"在社会经济发展方面需要共同遵循的目标,以此来形成"多规"间相对合理的层级关系以及解决发展规划与空间规划的相互融合问题。

二、实现路径的构建原则

(一)全面性与可操作性原则

生态文明视角下"多规合一"实现路径构建的全面性是指围绕生态文明理念以及"多规合一"生态保护目标与社会经济发展目标的落实,实现路径包括技术实现路径与空间管制协调路径两方面。其中,技术实现路径主要包括土地资源数量分配"合一"与空间管制分区"合一"两方面。基于合理的理论、方法、模型、管制重点,科学的确定生态文明视角下"多规合一"土地资源数量配置方案、空间管制分区方案、空间管制分区要求。生态文明视角下"多规合一"实现路径构建的全面性还指在实现路径构建过程中,需要充分考虑所用理论、方法、模型的本质与内涵,以全面解决"多规"间矛盾冲突为基础,注重提高对土地资源的科学管控。此外,生态文明视角下"多规合一"实现过程中要注重模型构建、指标选取的可操作性,同时应全面考虑当前"多规合一"研究成果,提高模型应用与指标获取的可操作性。

(二)生态优先与社会经济生态协调原则

生态文明视角下"多规合一"实现路径的构建要遵循生态优先与社会经济生态协调原则。生态文明视角下"多规合一"技术实现路径中,生态优先原则主要体现在在土地资源配置决策过程中,优先确定负责生态保护的土地资源数量,优先布局生态保护红线,以此作为"多规"土地利用过程中所必须坚守的底线。生态文明视角下"多规合一"空间管制协调路径中,生态优先原则主要体现在生态保护红线确定后,对生态保护红线内的各类生态管制要素进行严格管控,并制定相应的管制要求。生态文明视角下"多规合一"技术实现路径中,社会经济生态协调原则主要体现在在统筹区域土地资源承载社会经济发展需求决策过程中,要充分考虑生态保护红线的底线约束作用以及区域的可承载能力并且协调区域发展与保护间的相对关系,全面优化区域土地资源配置与区域空间布局。

(三)重点要素保障原则

生态文明视角下的"多规合一"并不是将各项规划的内容全部加以整合,做到面面俱到、包罗万象,而是要以重点要素为依托，逐步衔接"多规"内容，形成讲重点、分层次的"多规合一"实现模式。"多规合一"是发生在我国生态文明体制改革领域的重大改革，其实现必须要有利于我国国家意志的落实，因此，"多规合一"实现路径的构建要充分体现我国的国家意志。生态文明视角下，"多规合一"的实现首先体现我国生态安全保障意志，国家生态安全意志投射到"多规合一"中为以生态保护红线为基础引导并约束区域空间布局、重点制定生态保护红线空间管制规则。此外，基于我国人多地少的基本国情以及保持社会经济平稳健康发展的客观需求下，粮食安全、经济安全一直是我国的国家意志，国家粮食安全、经济安全意志投射到"多规合一"中即为严守我国粮食安全底线、科学划定耕地保护相关管制区以及以节约集约为原则、科学划定建设用地相关管制区，并重点制定耕地保护相关管制区、建设用地相关管制区的空间管制规则。综上所述，重点要素保障原则在生态文明视角下"多规合一"实现路径构建中主要体现在科学确定保障粮食安全、生态安全、经济安全的土地资源数量、空间布局以及空间管制规则。

（四）刚性与弹性结合原则

生态文明视角下"多规合一"实现路径的构建要注重刚性管控与弹性管理相结合。客观而言，弹性管理在传统规划以及当前"多规合一"实践中并未有较好地体现。生态文明视角下"多规合一"刚性与弹性结合原则主要体现在不仅要注重对保障生态安全、粮食安全、经济安全等必要管控要素的刚性管控，对于没有被纳入刚性管控的土地资源，要以维持区域生态平衡为底线，以尽力保障区域整体生态服务价值最大呈现为原则，结合区域社会经济发展过程中对土地资源的不可预测需求，科学的落实对土地资源的弹性管理。

（五）区域性与普适性原则

在我国，不同区域的自然资源本底状况存在不同程度的地域差异。一直以来，随着我国社会经济的不断进步发展，不同区域由于所处地理位置以及区域发展政策、发展定位的差异，不同区域的社会经济发展状况也逐步呈现出了地域差异。因此，生态文明视角下"多规合一"实现路径构建时所采用的方法、模型以及选取的指标能否适用于研究区的实际状况对区域"多规合一"实现的成功与否具有决定性作用。同时，在当前国家大力推动"多规合一"与生态文明建设的背景下，生态文明背景下"多规合一"的实现已是大势所趋。因此，生态文明背景下"多规合一"实现路径的构建要具有一定的普适性，以便为其他区域生态文明背景下"多规合一"的实现提供可以借鉴的依据。

（六）相对稳定性原则

"多规合一"并不是脱离现行规划而形成的独立性成果，其核心目的为通过解决"多规"间矛盾、统筹协调各项规划来形成良好的空间管制秩序，这种良好的空间管制秩序需要被长期维持，因此，"多规合一"成果的稳定性极为重要。在当前各地"多规合一"实现模式各异，"多规合一"实现模式依然存在争议的情况下，为保障"多规合一"成果的稳定性，生态文明视角下"多规合一"实现路径的构建要充分尊重现行规划内容与土地利用现状，同时也要积极寻求相关法律法规作为依据。

第二节 生态文明视角下"多规合一"实现路径构建的总体思路

在上述理念、目标、原则指引下，生态文明视角下"多规合一"技术实现路径与"多规"空间管制协调路径构建的总体思路如下：

一、技术实现路径

基于当前"多规"冲突现状，生态文明视角下的"多规合一"要想达到一个较为理想的状态，技术上要从土地资源数量配置统一以及空间管制分区统一两个方面实现。借鉴前述国内外"多规合一"有益经验,"多规合一"土地资源数量统一配置以及空间管制分区统一需要以明晰的规划间层级关系、生态文明理念指引、统一的"多规合一"生态保护目标与社会经济发展目标为基础。此外,"多规"坐标统一、"多规"规划期限统一、"多规"用地分类标准统一也是"多规合一"实现的重要技术保障。

(一)坐标和期限的统一

考虑到生态保护红线规划以及国民经济与社会发展规划的规划期限均为五年,为便于施行生态文明视角下"多规合一"必须遵守的生态优先原则,促进发展规划与空间规划衔接,促进国民经济与社会发展相关目标任务的落实以及"多规合一"的实施精度,建议"多规合一"周期以五年为准。同时,为方便我国不同尺度"多规合一"成果的衔接以及配合国家后续将要实行的自然资源全面监管,建议"多规合一"坐标采用2000国家大地坐标。

(二)用地分类统一

生态文明视角下"多规合一"用地分类标准衔接应在给出一个新的土地利用解读视角的同时,注重与已有各项规划用地分类标准衔接,为各类规划的衔接提供可操作的平台。考虑到长期以来,土地利用总体规划在划分土地利用用地分类标准方面相对较为成熟且较为详细,并且原国土部门在土地利用基础数据获取的准确性以及全面性上相对来讲较具优势，故建议"多规合一"层面的土地利用表达主要借鉴原国土部门的分类体系，即生态文明视角下"多规合一"土地资源配置统一以及空间管制分区统一的实现，要在分析"多规"用地类型差异的基础上，以原国土部门的用地分类体系为主进行协调。

为凸显生态优先理念，生态文明视角下的"多规合一"用地分类主要包括生态保护红线用地和社会经济发展用地两大类。其中，本书所指的生态保护红线为在社会经济发展过程中，主导功能为不用于支撑区域生产、生活的各类生态管制要素，社会经济发展用地分类主要借鉴原国土部门的用地分类思路，原则上不打破农用地、建设用地和其他土地三大类。生态文明视角下"多规合一"农用地二级分类包括耕地、园地、林地、草地以及其他农用地，建设用地二级分类包括城乡建设用地、交通水利建设用地以及其他建设用地，其他土地二级分类包括水域和自然保留地。生态文明视角下"多规合一"用地分类如表3.1所示。

表3.1　生态文明视角下"多规合一"用地分类

一级地类	二级地类	三级地类	四级地类
生态保护红线用地	—		
社会经济发展用地	农用地	耕地	—
		园地	—
		林地	—
		草地	—
		其他农用地	沟渠
			农村道路
			坑塘水面
			设施农用地
			田坎
	建设用地	城乡建设用地	城市
			建制镇
			村庄
			采矿用地
		交通水利用地	铁路用地
			公路用地
			机场用地
			港口码头用地
			管道运输用地
			水工建筑用地
		其他建设用地	风景名胜设施用地
			特殊用地
	其他土地	水域	水库水面
			河流水面
			湖泊水面
			内陆滩涂
			沿海滩涂
		自然保留地	

注：建设用地中，城乡建设用地一般无独立建设用地，故表中未体现独立建设用地。

对上述生态文明视角下"多规合一"用地分类标准做出以下说明：当前，我国"多规合一"理论研究及实践对生态保护红线的内涵界定存在差异。在当前各地"多规合一"实践中，有些地区将大面积耕地以及成组团的建设用地等主导功能并非为提供生态服务功能的要素划入生态保护红线，这种做法在一定程度上弱化了国家建立最严格生态保护制度的初衷，也在一定程度上对耕地管理、城市管理等造成不同程度的负面影响（王云才等，2015；林坚等，2017），故本书所指生态保护红线用地主要为在区域社会经济发展过程中，主导功能为提供生态服务价值以及因生态脆弱性需要严格保护的各类生态管制要素。

（三）土地资源数量配置统一实现路径

1.生态保护红线数量配置统一

土地资源数量配置统一是"多规合一"实现的基础。生态文明视角下"多规合一"土地资源数量配置统一要遵循生态优先原则，优先确定生态保护红线的规模，即落实生态文明视角下"多规合一"的生态保护目标。如前述所知，生态保护红线，是指对于一个国家或者地区而言，能为人类提供重要生态服务功能，或者因生态脆弱而必须被严格保护的各类生态管制要素。生态管制要素的服务功能是指各类生态管制要素能为人类提供诸如水源涵养、景观美学等不同有形及无形的环境条件或者实物产品等直接或间接的生态服务（康鹏等，2016），生态管制要素的脆弱性是指各类生态管制要素对人类活动等外界干扰的反应程度，主要反映区域发生生态问题的可能性（张学玲等，2018；杨飞等，2018）。此外，我国生态要素分布具有明显的地域特征，不同地域的生态管制要素类型并不统一，同时，国家、地方政府以及国家出台的《生态保护红线划定指南》从保护角度建议必须将诸多生态要素纳入区域生态保护红线。因此，生态文明视角下"多规合一"生态保护红线规模的确定思路为：首先依据《生态保护红线划定指南》技术流程，识别区域内具有重要生态服务功能以及因生态脆弱而确需被保护的生态管制要素，初步形成生态保护红线规模确定方案；其次结合区域特色，以区域生态保护红线规划为主，结合"多规"确定的具有重要生态保护意义的要素，对初步形成的生态保护红线规模确定方案进行修改补充，确定区域最终的生态保护红线方案，得出生态文明视角下"多规合一"生态保护红线规模。因生态保护红线规模的确定需要进行空间识别，生态保护红线规模的确定可与生态保护红线空间管制区域的划定同步进行。

　　生态文明视角下"多规合一"生态保护红线的确定，弥补了我国传统规划中生态保护模块缺失或弱化的现象。生态保护红线将作为"多规合一"实现过程中不能开发建设的刚性管制空间以及"多规合一"必须落实的生态保护目标,"多规"土地利用计划应与生态保护红线实现无缝对接。

生态文明视角下"多规合一"生态保护红线规模确定的技术流程如下:①对研究区域进行生态系统服务功能重要性评估以及生态敏感性评价,将区域内具有重要生态服务功能以及敏感程度较高的部分初步划定为生态保护红线。②依据《生态保护红线划定指南》,识别指南中明确规定必须纳入生态保护红线的国家公园、自然保护区、森林公园的生态保育区和核心景观区、风景名胜区的核心景区、地质公园的地质遗迹保护区、世界自然遗产的核心区和缓冲区、湿地公园的湿地保育区和恢复重建区、饮用水水源地的一级保护区、水产种质资源保护区的核心区以及其他类型禁止开发区的核心保护区域等生态管制要素,对初步划定的生态保护红线进行补充。③结合区域特色以及"多规"生态管制要素,通过不断地补充完善生态保护红线划定方案,确定区域最终的生态保护红线。生态保护红线规模确定(空间识别)的具体技术流程如图3.1所示。

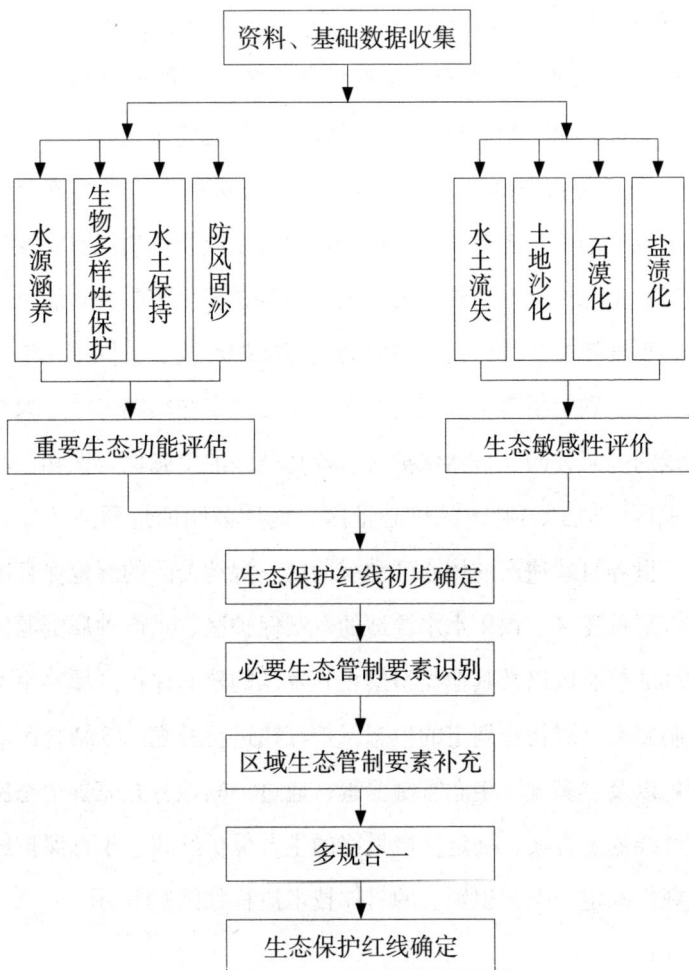

图3.1　生态保护红线规模确定技术流程

2.社会经济发展用地统一

在传统规划重发展轻经济的情况下，社会经济发展目标任务一直是各项规划实施的重要抓手，"多规"社会经济发展目标任务的差异也是导致区域各部门对土地资源争夺以及对区域生态保护工作造成威胁的重要因素。如前述所知，从当前"多规"相关法律法规依据以及"多规"间层级关系来看，国民经济与社会发展规划应作为"多规"的龙头，国民经济与社会发展规划确定的目标任务也应作为"多规合一"土地资源利用的依据。因此，生态文明视角下"多规合一"社会经济发展用地统一首先要对国民经济与社会经济发展规划中与土地利用相关的目标任务有所回应，使相关目标任务有效投射到区域土地利用中，实现发展规划与空间规划的有效衔接。

其次，生态文明要求区域在落实社会经济发展目标任务过程中不仅要考虑生态保护红线的底线约束作用，还要充分考虑区域的可承载能力，并依据区域社会经济发展目标任务的土地利用需求与区域可承载能力之间的相对关系，初步形成生态文明视角下"多规合一"社会经济发展用地规模配置方案。

最后，社会经济发展用地规模的确定也要兼顾传统规划长期以来较为关注的土地利用核心管控目标，促进土地资源精细管控的同时，促使"多规合一"土地利用与"多规"土地利用管控理念的有效衔接。

生态文明视角下"多规合一"社会经济发展用地规模确定的技术流程如下：①生态文明视角下"多规合一"社会经济发展目标任务确定。②生态文明视角下"多规合一"社会经济发展目标任务土地资源规模需求量核算。③基于生态文明视角下"多规合一"社会经济发展用地分类标准以及"多规"土地利用计划引导下的土地资源承载规模核算。④承载力为先导的"多规合一"社会经济发展用地配置规模初步确定。⑤基于"多规"土地利用核心管控指标校验的"多规合一"社会经济发展用地配置规模最终确定。生态文明视角下"多规合一"社会经济发展用地规模确定的具体技术流程如图3.2所示。

（1）社会经济发展目标任务确定

社会经济发展目标任务是区域社会经济发展最重要的抓手，也应是"多规合一"土地利用最重要的依据。从现行法律依据来看，国民经济与社会发展规划是"多规"的统领性规划，也是体现国家或地区一定时期内社会经济发展目标任务的纲领性文件，而其确定的部分社会经济目标任务却未能在传统空间规划中被较好地体现，造成发展规划与空间规划的割裂，故生态文明视角下"多规合一"社会经济发展目标任务应重点选取国民经济与社会发展规划中与土地利用密切相关的目标任务以及国民经济与社会发展规划中设定却在传统空间规划中未被有效执行的重要目标任务。

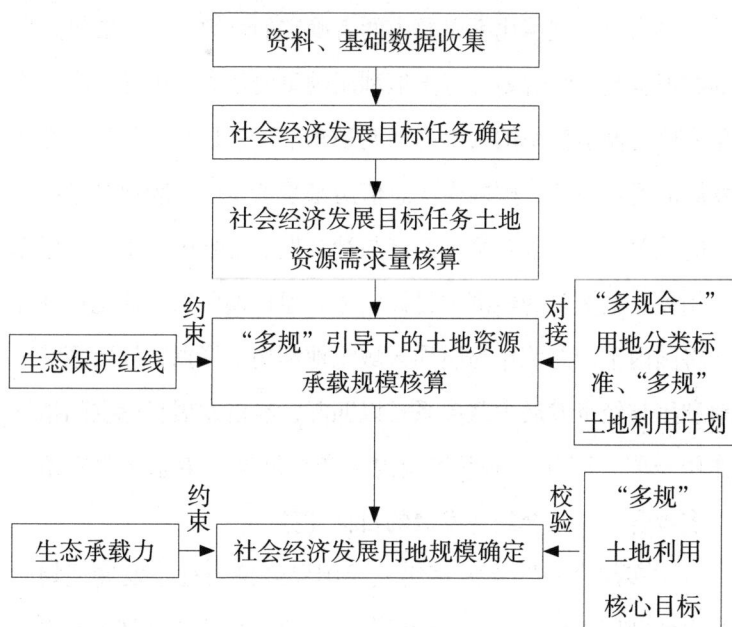

图3.2 社会经济发展用地规模确定技术流程

人口发展和经济发展是区域社会经济发展过程中最基本、最重要的问题（沈迟等，2015；申仓贵等，2016），人口因素和经济因素也是进行土地利用的主要驱动力，因此，"多规合一"社会经济发展目标任务主要分为人口类目标任务和经济类目标任务两大类，本书将国民经济与社会发展规划中体现人口发展与经济发展且与土地利用密切相关的目标任务纳入"多规合一"社会经济发展目标任务。通过梳理国民经济与社会发展规划确定的重点目标任务，总人口与城镇化率是国民经济与社会发展规划中与土地利用密切相关的人口类目标任务，总人口、城镇化率以及由两者确定的城镇人口、农村人口等数据也是传统规划进行土地利用的重要依据，因此，本书将总人口与城镇化率纳入生态文明视角下"多规合一"社会经济发展的目标任务。国内生产总值历来是衡量国家和地方经济发展的重要工具，也是国民经济与社会发展规划中与土地利用密切相关且最重要的经济类目标任务，但长期以来，传统规划并未将国内生产总值作为引导区域土地利用的依据，导致区域土地利用与经济发展承载关系难以匹配，经济发展目标空间指导作用减弱，因此，本书将国内生产总值纳入生态文明视角下"多规合一"社会经济发展的目标任务。

"多规合一"除需落实上述国民经济与社会发展规划中与土地利用密切相关的目标任务，还要兼顾传统规划中重点关注的土地利用核心管控目标，促进"多规合一"土地利用与"多规"土地利用管控意图的有效衔接。原国土部门主持编制的土地利用总体规划与原规划部门主持编制的城乡总体规划是我国的两大空间规划。土地利用总体规划立足于坚守最严格的耕地保护制度与节约集约利用土地制度，强调耕地保护与建设用地节约集约利用，分别以基本农田保护规模、耕地保有量与建设用地总规模、城乡建设用地总规模（包括城市、建制镇、村庄、采矿用地）、城镇工矿用地总规模（包括城市、建制镇、采矿用地）等关键目标任务为抓手对土地利用进行管控，因此，本书将上述关键目标任务纳入生态文明视角下

"多规合一"社会经济发展目标任务。城乡总体规划的管控重点为建设用地，建设用地也是两大空间规划冲突的焦点。综上所述，本书确定基本农田保护规模、耕地保有量与建设用地总规模、城乡建设用地总规模、城镇工矿用地总规模为生态文明视角下"多规合一"社会经济发展目标任务，如表3.2所示。

表3.2 社会经济发展目标任务

分类	目标任务	功能
人口类目标任务	总人口	规模核算
	城镇化率	规模核算
经济类目标任务	国内生产总值	规模核算
土地利用核心管控目标任务	基本农田保护规模	规模校验
	耕地保有量	规模校验
	建设用地总规模	规模校验
	城乡建设用地总规模	规模校验
	城镇工矿用地总规模	规模校验

（2）社会经济发展目标任务规模核算方法构建

生态文明背景下，要求不同领域的改革不仅要落实生态优先原则，而且要深入研究在改革过程中如何使人类社会经济发展与自然最大限度地和谐共处，即人类社会经济发展要在区域可承载能力范围内。因此，在生态文明视角下"多规合一"社会经济发展目标任务落地过程中，要充分考虑区域社会经济发展目标任务与区域可承载能力的相互关系。

1992年，加拿大经济学家Rees提出生态足迹法，其博士生

Wackernagel又继续对其方法进行完善（Wackernagel Metal，1997，1999），形成了传统生态足迹法。传统生态足迹法，即依据人类社会经济发展所需各种产品与不同用地类型的承载关系，将区域内人类社会经济发展所需各种产品的消费量转换为所需相应地类的面积，并以区域所能提供的地类面积比较，以此来定量判断区域社会经济发展是否在区域生态系统承载能力范围内。其中，为便于计算与比较，传统生态足迹法将区域社会经济发展所需不同用地类型的土地面积与区域所能提供的不同用地类型土地面积依据不同用地类型的生物生产能力将其转换为具有相同生物生产力的生态生产性土地，并以此作为判断区域可持续发展状态的基本评价指标。目前生态足迹法已在区域可持续发展状态评价以及基于评价结果制定区域可持续发展战略（何锋等，2011；刘金花等，2013；赵兴国等，2014）、区域土地资源供需平衡分析（刘东等，2012；封志明等，2012）等领域得到广泛应用。生态足迹模型的生态足迹本质上反映区域社会经济发展对区域生态系统的占用需求，生态足迹模型的生态承载力本质上反映区域生态系统对区域社会经济发展的承载能力（扣除生物多样性维护面积后），与生态文明视角下"多规合一"社会经济发展目标任务落地的思路相吻合，因此，本书借鉴传统生态足迹理论，探讨生态文明背景下"多规合一"社会经济发展目标任务的落地方法。

（1）经济发展目标任务需求规模核算

国内生产总值由各行业产值贡献，不同用地类型承载不同行业的发展。依据国民经济各产业与不同用地类型间的承载关系以及国民经济核算规则，构建经济发展目标任务需求规模核算模型，即可获得经济发展目标任务实现所需的各类土地利用类型规模。

我国国内生产总值由第一产业、第二产业以及第三产业贡献。其中，第一产业对土地的依附程度较高，其总产值与土地的直接产出产品息息相关，第一产业产值一般按产品法计算。第一产业中农业、林业、牧业、渔业的承载用地分别为生态文明视角下"多规合一"用地分类三级地类中的耕地、园地、林地、草地以及四级地类中的沟渠、坑塘水面、水库水面、河流水面、内陆滩涂、沿海滩涂。依据各产业与上述地类的承载关系，农业发展由耕地承载，林业发展由林地承载，畜牧业发展由耕地与草地承载，渔业发展由沟渠、坑塘水面、水库水面、河流水面、湖泊水面、内陆滩涂以及沿海滩涂承载。耕地、园地、林地、草地、水域（为方便计算，将沟渠与坑塘水面计入水域统计范围）需求规模核算公式如下：

$$S_{耕(经)'} = \sum_{j=1}^{n} \frac{G_1 \times r_a \times r_i}{EP_i \times P_i} + \sum_{j=1}^{m} \frac{G_1 \times r_d \times r_j}{P_j} \times \frac{Q_{ji}}{EP_i} \cdots\cdots (3.1)$$

式中：$S_{耕(经)'}$ 为规划目标年耕地需求规模，hm^2；i=1，2，3……，n为规划目标年第i种耕地产品；G_1 为规划目标年第一产业目标总产值，元；r_a为规划目标年农业总产值（耕地产品部分）占第一产业总产值的比重，%；r_i为规划目标年第i种耕地产品总产值占农业总产值（耕地产品部分）的比重，%；EP_i为规划目标年第i种耕地产品的单位面积产量，kg/hm^2；P_i为规划目标年第i种耕地产品价格，元/kg；j=1，2，3……，m为规划目标年第j种畜牧业产品；r_d为规划目标年畜牧业总产值占第一产业总产值的比重，%；r_j为规划目标年第j种畜牧业产品总产值占畜牧业总产值的比重，%；P_j为规划目标年第j种畜牧业产品价格，元/kg；Q_{ji}为规划目标年单位产量第j种畜牧业产品消耗第i种耕地产品的数量，kg/kg。（注：轮作产生的耕地产品，分别计算需求规模，取最大值计入耕地需求规模。）

$$S_{园（经）'} = \sum_{k=1}^{l} \frac{G_1 \times r_a \times r_k}{EP_k \times P_k} \quad\cdots\cdots\cdots\cdots\cdots\cdots\cdots（3.2）$$

式中：$S_{园（经）'}$为规划目标年园地需求规模，hm^2；k=1，2，3……，l为规划目标年第k种园地产品；r_b为规划目标年农业总产值（园地产品部分）占第一产业总产值的比重，%；r_k为规划目标年第k种园地产品总产值占农业总产值（园地产品部分）的比重，%；EP_k为规划目标年第k种园地产品的单位面积产量，kg/hm^2；P_k为规划目标年第k种园地产品价格，元/kg。

$$S_{林（经）'} = \frac{G_1 \times r_c \times r_h}{EP_h} + \sum_{t=1}^{s} \frac{G_1 \times r_c \times r_t}{EP_t \times P_t} \quad\cdots\cdots\cdots\cdots\cdots（3.3）$$

式中：$S_{林（经）'}$为规划目标年林地需求规模，hm^2；r_c为规划目标年林业总产值占第一产业总产值的比重,%;r_h为规划目标年人造林木生产活动总产值占林业总产值的比重,%;EP_h为规划目标年人造林木生产活动单位面积成本,元/hm²;t=1,2,3……,s为规划目标年第t种林产品;r_t为规划目标年第t种林产品总产值占林业总产值的比重,%;EP_t为规划目标年第t种林产品的单位面积产量,kg/hm²(木材,m³/hm²);P_t为规划目标年第t种林产品价格,元/kg(木材:元/m³)。

$$S_{草(经)'} = \sum_{g=1}^{f} \frac{G_1 \times r_d \times r_g}{P_g} \times \frac{Q_g}{EP_草} \quad\cdots\cdots\cdots\cdots\cdots\cdots (3.4)$$

式中:$S_{草(经)'}$为规划目标年草地需求规模,hm²;g=1,2,3……,f为规划目标年第g种畜牧业产品;r_d为规划目标年畜牧业总产值占第一产业总产值的比重,%;r_g为规划目标年第g种畜牧业产品总产值占畜牧业总产值的比重,%;P_g为规划目标年第g种畜牧业产品价格,元/kg;Q_g为规划目标年单位产量第g种畜牧业产品消耗草量kg/kg;$EP_草$为规划目标年单位面积草地产量,kg/hm²。

$$S_{水(经)'} = \frac{G_1 \times r_e}{EP_e \times P_e} \quad\cdots\cdots\cdots\cdots\cdots\cdots\cdots\cdots (3.5)$$

式中:$S_{水(经)'}$为规划目标年水域需求规模,hm²;r_e为规划目标年渔业总产值占第一产业总产值的比重,%;EP_e为规划目标年单位面积水产品捕捞量,kg/hm²;P_e为规划目标年水产品价格,元/kg。

二、三产业不同于第一产业，其产值不依附于土地的直接产出。二、三产业的承载用地为建设用地，建设用地为生态文明视角下"多规合一"用地分类二级地类中的建设用地。为保障生态文明视角下"多规合一"生态保护成效、促进土地节约集约利用，建设用地利用必须向单位建设用地要效益。单位建设用地二、三产业产值是衡量建设用地集约利用效益的重要抓手，故建设用地需求规模计算以单位建设用地二、三产业目标产值为依据。建设用地需求规模计算公式如下：

$$S_{建（经）'} = \frac{G_{2,3}}{G_{建（经）}} \cdots\cdots\cdots\cdots\cdots\cdots\cdots\cdots\cdots\cdots\cdots（3.6）$$

式中：$S_{建（经）'}$为规划目标年建设用地需求规模，hm^2；$G_{2,3}$为规划目标年二、三产业目标产值，元；$G_{建（经）}$为规划目标年单位建设用地二、三产业目标产值，元/hm^2。

（2）人口发展目标任务需求规模核算

本研究人口发展目标任务需求规模的测算采用综合预测法，主要包括两种方式。第一种方式为从不同用地类型直接承载人类生存、生活需求角度，构建人口发展目标任务需求规模核算模型，获得人口发展目标任务实现所需相应土地利用类型的规模保障需求，此种方式主要针对生态文明视角下"多规合一"用地分类中与人类生存、生活需求有直接承载关系的用地类型，农用地中主要包括农用地三级地类中的耕地、园地、林地、草地，四级地类中的沟渠、坑塘水面以及其他土地中的水域,建设用地中主要包括城乡建设用地,其中城乡建设用地分为城镇工矿用地和村庄。第二种方式主要针对建设用地三级分类中的交通水利用地和其他建设用地,因交通水利用地和其他建设用地一般按照上位规划、相关专业规范(刘力兵,2015)或地区发展特殊需求设计,故建议交通水利用地和其他建设用地可依据区域规划期内的重点项目安排进行规模需求预测。耕地、园地、林地、草地、水域、建设用地(为方便计算,将沟渠与坑塘水面计入水域统计范围)需求规模计算公式如下:

$$S_{耕(人)'} = \frac{P \times u \times c_1}{AP_1 \times F \times D} + \frac{P \times (1-u) \times c_2}{AP_1 \times F \times D} + \sum_{j=1}^{m} \frac{P \times u \times c_{5j} \times c_{5ji}}{AP_i}$$

$$+ \sum_{j=1}^{m} \frac{P \times (1-u) \times c_{6j} \times c_{6ji}}{AP_i} \quad\cdots\cdots\cdots\cdots\cdots\cdots (3.7)$$

式中:$S_{耕(人)'}$ 为规划目标年耕地需求规模,hm^2;P为规划目标年区域总人口,人;u为规划目标年城镇化率,%;c_1为规划目标年城镇人口粮食消费量,kg/人/a;c_2为规划目标年农村人口粮食消费量,kg/人/a;AP_1为规划目标年单位面积粮食产量$kg/hm^2/a$;F为规划目标年复种指数;D为规划目标年粮经比;j=1,2,3……,m为规划目标年第j种畜牧业产品;c_{5j}为规划目标年城镇人口消耗第j种畜牧业产品的数量,kg/人/a;c_{5ji}为规划目标年城镇人口消耗单位数量第j种畜牧业产品所消耗第i种耕地产品的数量,kg/kg;c_{6j}为规划目标年农村人口消耗第j种畜牧业产品的数量,kg/人/a;c_{6ji}为规划目标年农村人口消耗单位数量第j种畜牧业产品所消耗第i种耕地产品的数量，kg/kg；AP_i 为规划目标年单位面积第i种耕地产品产量 $kg/hm^2/a$。（注：本研究耕地需求规模从实现区域粮食消费需求完全自给角度测算。）

$$S_{园(人)'} = \frac{P \times u \times c_3}{AP_2} + \frac{P \times (1-u) \times c_4}{AP_2} \cdots\cdots\cdots\cdots\cdots (3.8)$$

式中：$S_{园(人)'}$ 为规划目标年园地需求规模，hm^2；P为规划目标年区域总人口，人；u为规划目标年城镇化率，%；c_3 为规划目标年城镇人口水果消费量，kg/人/a；c_4 为规划目标年农村人口水果消费量，kg/人/a；AP_2 为规划目标年单位面积水果产量 $kg/hm^2/a$。（注：本研究园地需求规模从实现区域水果消费需求完全自给角度测算。）

$$S_{林(人)'} = \frac{P}{1000} \cdots\cdots\cdots\cdots\cdots\cdots\cdots\cdots\cdots\cdots (3.9)$$

式中：$S_{林(人)'}$ 为规划目标年林地需求规模，hm^2；P为规划目标年区域总人口，人；1000为人。（注：本研究林地需求规模从实现区域碳氧平衡角度测算。）

$$S_{草(人)'} = \sum_{g}^{f} \frac{P \times u \times c_{5g} \times c_{5g草}}{AP_{草}} + \sum_{g}^{f} \frac{P \times (1-u) \times c_{6g} \times c_{6g草}}{AP_{草}}$$

$$\cdots\cdots\cdots\cdots\cdots\cdots\cdots\cdots\cdots\cdots\cdots\cdots\cdots (3.10)$$

式中：$S_{草(人)'}$ 为规划目标年草地需求规模，hm^2；g=1，2，3……，f为规划目标年第g种畜牧业消耗产品；P为规划目标年区域总人口，人；u为规划目标年城镇化率，%；c_{5g}为规划目标年城镇人口消耗第g种畜牧业产品的数量，kg/人/a；$c_{5g草}$为规划目标年城镇人口消耗单位数量第g种畜牧业产品所消耗草量，kg/kg；$AP_草$为规划目标年单位面积草地产量，kg/hm²/a；c_{6g}为规划目标年城镇人口消耗第g种畜牧业产品的数量，kg/人/a；$c_{6g草}$为规划目标年城镇人口消耗单位数量第g种畜牧业产品所消耗草量，kg/kg。（注：本研究草地需求规模从实现区域畜牧业产品消费需求完全自给角度测算。）

$$S_{水（人）'}=\frac{P \times u \times c_7}{AP_水}+\frac{P \times (1-u) \times c_8}{AP_水} \cdots\cdots (3.11)$$

式中：$S_{水（人）'}$为规划目标年水域需求规模，hm²；P为规划目标年区域总人口，人；u为规划目标年城镇化率，%；c_7为规划目标年城镇人口消耗水产品的数量，kg/人/a；$AP_水$为规划目标年单位面积水产品产量，kg/hm²/a；c_8为规划目标年农村人口消耗水产品的数量，kg/人/a。（注：本研究水域需求规模从实现区域水产品消费需求完全自给角度测算。）

$$S_{建（人）'}=P \times u \times s_{建（城）}+P \times (1-u) \times s_{建（村）}+S_{建（其）} \cdots (3.12)$$

式中：$S_{建（人）'}$为规划目标年建设用地需求规模，hm²；P为规划目标年区域总人口，人；u为规划目标年城镇化率，%；$s_{建（城）}$为城镇工矿用地人均用地标准，人/hm²；$s_{建（村）}$为农村人均用地标准，人/hm²；$S_{建（其）}$为交通水利用地及其他建设用地之和。（注：本研究建设用地需求规模从人地匹配标准角度测算。)

（3）基于经济发展目标任务与人口发展目标任务的需求规模核算

经济发展目标任务与人口发展目标任务对不同用地类型的需求规模均起到决定性作用，为综合考虑经济发展目标任务与人口发展目标任务对需求规模的影响，需要确定经济发展目标任务与人口发展目标任务的权重。为克服权重主观任意取值的缺陷，根据优势资源牵引效应原则和劣势资源束缚效应原则（翟腾腾等，2014），构建生态文明视角下"多规合一"基于经济发展目标任务与人口发展目标任务的不同用地类型需求规模测度模型，具体模型如下：

$$MaxS_z = W_1 \cdot S_{z1} + W_2 \cdot S_{z2} + W_3 \sqrt[2]{S_{z1} \cdot S_{z2}} \quad\cdots\cdots\cdots (3.13)$$

约束条件：

$$
\begin{cases}
a \leq |w_i - w_j| \leq \beta \\
a, \beta \text{ 分别为权重差异的上下限} \\
r < w_1 < 1, (i, j = 1, 2, 3 \text{ 且 } i \neq j), r \text{ 为权重的下限} \\
\sum_{i=1}^{3} w_i = 1
\end{cases}
$$

$$MinS_z = W_1 \cdot S_{z1} + W_2 \cdot S_{z2} + W_3 \sqrt[2]{S_{z1} \cdot S_{z2}} \quad\cdots\cdots\cdots (3.14)$$

约束条件：

$$\begin{cases} a \leq \mid w_i\text{-}w_j \mid \leq \beta \\ a,\ \beta\ \text{分别为权重差异的上下限} \\ r < w_1 < 1,\ (i, j = 1,\ 2,\ 3\ \text{且}\ i \neq j),\ r\ \text{为权重的下限} \\ \sum\limits_{i=1}^{3} w_i = 1 \end{cases}$$

$$S_z = \sqrt{MaxS_z \cdot MinS_z} \quad\cdots\cdots\cdots\cdots\cdots\cdots\cdots\cdots \text{（3.15）}$$

式中：$MaxS_z$：优势资源牵引效应原则下第z类土地利用类型需求规模；$MinS_z$：劣势资源束缚效应原则下第z类土地利用类型需求规模；w_i：生态文明视角下"多规合一"经济发展目标任务或人口发展目标任务的权重；S_{z1}：生态文明视角下"多规合一"经济发展目标任务决定的第z种用地类型需求规模；S_{z2}：生态文明视角下"多规合一"人口发展目标任务决定的第z种用地类型需求规模。

（4）经济发展目标任务与人口发展目标任务承载规模核算

考虑到国家划定生态保护红线的初衷以及生态保护红线的主导功能为生态安全维护，为保障"多规合一"更好的实践生态文明，落实"多规合一"生态保护成效，故建议在"多规合一"实现过程中不将生态保护红线计入经济发展目标任务与人口发展目标任务承载规模统计范围内。通过梳理生态文明视角下"多规合一"用地分类标准，生态保护红线将可能分散于不同用地类型中，故建议统计经济发展目标任务与人口发展目标任务规模承载力时扣除生态保护红线范围内涉及相关用地类型的规模或部分规模。

考虑到原国土部门在土地利用相关数据获得性方面较具优势，且原国土部门底图覆盖范围较为全面，故建议生态文明视角下"多规合一"经济发展目标任务与人口发展目标任务规模承载力统计以原国土部门统计数据为主进行逐步衔接。通过分析当前"多规合一"实践以及当前"多规"用地分类标准（主要考虑两大空间规划——土地利用总体规划与城乡总体规划），在当前现行"多规"用地分类标准中，"多规"用地分类差异主要体现在因水库水面、绿地、采矿用地的归属认定问题而导致的生态文明视角下"多规合一"用地分类二级地类建设用地、三级地类水域以及城乡建设用地的内涵界定不统一。在土地利用现状分类标准（GB/T21010—2007）中，水库水面被纳入建设用地范畴，在土地利用现状分类标准（GB/T21010—2017）中，水库水面被纳入水域范畴，在城市用地分类与规划建设用地标准（GB50137—2011），水库水面被纳入水域管理，考虑到水库水面的自然特性实质上与其他水域区别不大，因此，本研究建议将水库水面计入水域规模承载力。原规划部门一般将绿地纳入建设用地管理，原国土部门也将绿地纳入公共管理与公共服务用地，而在实际操作中，原国土部门为执行上级规划下达的土地利用指标或将部分绿地纳入

林地范畴。鉴于从产业服务功能来看，绿地属于第三产业用地
（刘平辉，2003），原规划部门与原国土部门均倾向将绿地纳
入建设用地范畴，本研究建议在"多规合一"实际操作过程
中，具体可根据区域实际状况将绿地纳入城乡建设用地或其他
建设用地范畴，即本研究建议将划入非建设用地的绿地部分纳
入建设用地规模承载力，因该部分绿地通常会划入林地，该部
分绿地不计入林地规模承载力。原国土部门注重对城乡建设用
地的管理，将采矿用地纳入城乡建设用地范畴，而原规划部门
并没有对城乡建设用地做出严格的指标管控措施，故本研究建
议延用原国土部门对城乡建设用地的内涵界定，将采矿用地并
入城乡建设用地范畴。

（5）社会经济发展用地规模确定

传统生态足迹法将不同用地类型看作具有不同生物生产
能力的生态生产性土地，即传统生态足迹法的生态生产性土地
可以看作不同用地类型所具有的生物生产力及其面积的综合
体。然而土地是一个完整并且开放的生态系统，不仅具有生物
生产力而且具有气候调节、水文调节等多种生态服务价值，并
且这种生态服务价值不仅作用于本区域，而且能为周边地区提
供生态服务价值。从土地利用角度来看，为更好地践行生态文
明，就要充分发挥土地的生态服务价值，生态文明视角下的
"多规合一"更要强调、突出土地的生态服务价值，因此，基

于土地生态服务价值的土地供需平衡分析更有意义，本研究将
生态生产性土地看作不同用地类型所具有的生态服务价值及其
面积的综合体。

本研究社会经济发展用地规模的确定思路如下：借鉴传
统生态足迹法思路，综合权衡经济发展目标任务与人口发展
目标任务需求与承载规模，以具有生态服务价值的生态生产
性土地作为基本评价指标，对社会经济发展生态足迹占用与
"多规"土地利用计划引导下的生态承载力进行对比分析，最
终，以生态平衡为标准，结合生态文明视角"多规合一"社会
经济发展校验目标任务，进行生态文明视角下"多规合一"社
会经济发展用地规模确定。

借鉴传统生态足迹法的相关处理方式，本研究引入谢高
地等人确定的中国生态系统单位面积生态服务价值当量（谢高
地等，2008）作为生态服务价值均衡因子反映区域不同用地类
型的生态服务价值，以区域各用地类型单位面积生态服务价值
同全国相应用地类型单位面积生态服务价值的比值作为生态
服务价值调整因子反映不同区域同种用地类型的生态服务价
值，以生态服务价值均衡因子与生态服务价值调整因子的乘积
作为生态服务价值综合因子反映区域不同用地类型的综合生态
服务价值。

基于综合生态服务价值的生态足迹计算公式如下：

$$S_z = S_z' \times x_{均} \times x_{调} \cdots\cdots\cdots\cdots (3.16)$$

式中：S_z为不同用地类型的生态足迹，hm^2；z为不同用地类型；$S_z{}'$为不同用地类型的需求规模，hm^2；$x_均$为不同用地类型的生态服务价值均衡因子；$x_调$为不同用地类型的生态服务价值调整因子。

基于综合生态服务价值的生态承载力计算公式如下：

$$A_z = A_{z实} \times x_均 \times x_调 \cdots\cdots\cdots\cdots\cdots\cdots (3.17)$$

式中：A_z为不同用地类型的生态承载力，hm^2；$A_{z实}$为不同用地类型的实有规模，hm^2；z为不同用地类型；$x_均$为不同用地类型的生态服务价值均衡因子；$x_调$为不同用地类型的生态服务价值调整因子。

（四）空间管制分区统一实现路径

空间管制概念的最早提出可以追溯至1960年代北美的成长开发理论（杨玲，2016）。1998年空间管制概念在我国首次出现，具体出处为《关于加强省域城镇体系规划工作的通知》，2008年"空间管制"一词在空间规划相关文件中多次出现，自此，空间管制逐渐成为各大规划实行土地资源管理与利用的重要抓手（汪劲柏等，2008）。2013年中央城镇化工作会议明确提出"要坚持一张好的蓝图干到底"的工作要求，力求通过"多规合一"实现土地资源利用与空间管制政策的有效衔接，促进土地资源优化配置，提高政府空间治理水平。从此之后，划定"多规合一"空间管制分区便成为各界关注的焦点以及"多规合一"的工作重点。事实上,"多规合一"的本质为解决我国土地资源利用过程中的规模、边界、秩序问题,并且规模、边界、秩序问题需要依次被解决。前述"生态文明视角下'多规合一'用地分类统一""生态文明视角下'多规合一'土地资源数量配置统一"解决了"多规合一"中的规模问题,生态文明视角下"多规合一"空间管制分区要与以上解决方案有效衔接。

就当前"多规合一"空间管制分区理论研究及各地实践来看,"多规合一"空间管制分区方式并未统一。"多规合一"的大前提为发生在我国境内生态文明建设领域的重大改革,因此,生态文明视角下的"多规合一"空间管制分区要充分体现我国落实生态安全、粮食安全、经济安全的国家意志,以上国家意志投射到生态文明视角下的"多规合一"空间管制分区中为重点科学划定生态保护红线区、耕地保护相关目标任务管制区以及建设用地相关目标任务管制区。同时,生态文明视角下"多规合一"空间管制区的划定依然要遵循生态优先原则,优先划定生态保护红线,成为引导并约束生态文明视角下"多规合一"社会经济发展用地布局的前提约束条件。

生态文明视角下的"多规合一"空间管制分区主要借鉴厦门市进行"多规合一"实践时采用结构控制线与用地控制线两层控制线的方式。其中,结构控制线主要用于划分区域生态保护格局与社会经济发展格局,用地控制线主要用于对生态文明视角下"多规合一"社会经济发展用地中的具体用地进行分区管控。

　　生态文明视角下的"多规合一"空间管制区需要结合"多规合一"土地资源统一配置规模以及生态文明视角下"多规合一"社会经济发展目标任务中的规模校验目标，保障规模与空间管制区划定的一致性。结合生态文明视角下的"多规合一"用地分类标准，生态文明视角下"多规合一"空间管制分区如表3.3所示。

　　生态文明视角下"多规合一"空间管制区划定的技术流程如下：①结合区域重要生态服务功能评估、生态敏感性评价结果以及区域必要生态管制要素认定结果，划定生态文明视角下"多规合一"生态保护红线区。②梳理"多规"空间冲突，处理差异图斑。③梳理规划期内重大建设项目、土地整治项目等土地利用计划。④以生态保护红线区作为空间布局约束条件，借鉴LESA体系，进行耕地质量与立地条件综合评价，划定生态文明视角下"多规合一"耕地保护相关目标任务管制区。⑤以生态保护红线区作为空间布局约束条件，运用潜力—约束模型，进行建设用地适宜性评价，划定生态文明视角下"多规合一"建设用地相关目标任务管制分区。⑥以生态保护红线区作为空间布局约束条件，划定生态文明视角下"多规合一"园地、林地、草地、水域相关目标任务管制分区。⑦结合生态文明视角下"多规合一"土地资源数量统一配置结果，将出现生态盈余的相关地类划定生态文明视角下"多规合一"弹性管制区。⑧生态文明视角下"多规合一"空间管制区确定。生态文明视角下"多规合一"空间管制区划定的具体技术流程如图3.3所示。

表3.3　空间管制分区

用地类型	可出现情况	边界	管制分区	管控性质
生态保护红线用地	—	生态保护红线	生态保护红线区	刚性
耕地	①	耕地保有量控制线	耕地保有量管制区	刚性
		基本农田控制线	基本农田管制区	刚性
		社会经济发展耕地保障控制线	社会经济发展耕地保障区	刚性
	②	耕地保有量控制线	耕地保有量管制区	刚性
		社会经济发展耕地保障控制线	社会经济发展耕地保障区	刚性
		基本农田控制线	基本农田管制区	刚性
	③	社会经济发展耕地保障控制线	社会经济发展耕地保障区	刚性
		耕地保有量控制线	耕地保有量管制区	刚性
		基本农田控制线	基本农田管制区	刚性
园地	—	社会经济发展园地保障控制线	社会经济发展园地保障区	刚性
林地	—	社会经济发展林地保障控制线	社会经济发展林地保障区	刚性

续表

用地类型	可出现情况	边界	管制分区	管控性质
草地	—	社会经济发展草地保障控制线	社会经济发展草地保障区	刚性
水域	—	社会经济发展水域保障控制线	社会经济发展水域保障区	刚性
建设用地	—	建设用地规模控制线	建设用地规模管制区（社会经济发展建设用地保障区）	刚性
城镇用地、采矿用地、农村居民点	—	城镇村建设控制线	城镇村建设管制区	刚性
交通水利用地、其他建设用地	—	交通廊道及设施控制线	交通廊道及设施管制区	刚性
出现生态盈余的相关地类	—	—	生态文明视角下"多规合一"弹性管制区	弹性

注：生态文明视角下"多规合一"空间管制区划定，应严格落实区域耕地保有量以及建设用地总量管控指标，故耕地保护相关目标任务管制区的划定以不低于耕地保有量落实，建设用地目标任务相关管制区的划定以不高于建设用地总量控制指标落实。①代表耕地保有量＞基本农田保有量＞社会经济发

展目标任务所需耕地数量。②代表耕地保有量＞社会经济发展目标任务所需耕地数量＞基本农田保有量。③代表社会经济发展目标任务所需耕地数量＞耕地保有量＞基本农田保有量。

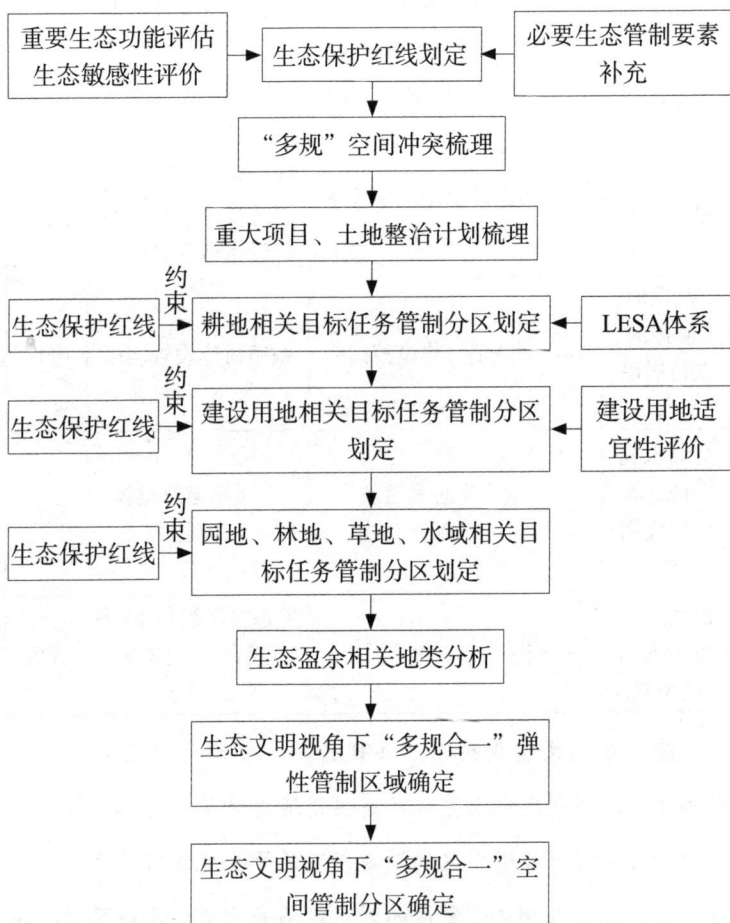

图3.3　空间管制分区确定技术流程

因生态保护红线区、耕地保护相关目标任务管制区、建设用地相关目标任务管制区为承载国家意志的主要载体，也是生态文明视角下"多规合一"的重点管制要素，本研究重点介绍生态文明视角下"多规合一"生态保护红线区、耕地保护相关目标任务管制区、建设用地相关目标任务管制区的划定方法，划定方法如下：

（1）生态保护红线区划定

生态文明视角下"多规合一"生态保护红线区划定的总体思路为：首先依据《生态保护红线划定指南》技术流程，识别区域空间内具有重要生态服务功能以及因生态脆弱而确需被保护的生态管制要素，初步划定生态保护红线区；其次结合区域特色，以生态保护红线规划为主，结合"多规"确定的具有重要生态保护意义的要素，对初步划定的生态保护红线区进行修改补充，形成最终的生态保护红线区。

（2）耕地保护相关目标任务管制区划定

本研究耕地保护相关目标任务管制区划定主要借鉴LESA体系指导思想。LESA（land evaluation and site assessment）体系于19世纪80年代由美国土壤保持局提出（钱凤魁等，2015），该体系分为耕地质量评价（LE，land evaluation）与耕地立地条件评价（SA，site assessment）两部分，较全面地反映耕地本身质量的优劣以及耕地保护的稳定性，当前已成为耕地保护区划定、基本农田划定的重要技术方法（边振兴等，2015；Richard W Dunford, et al，1983；李团胜等，2010）。

我国耕地保护的工作重点是务必确保一定数量和质量的耕地，因此，耕地保护不仅要考虑耕地的质量条件，还要考虑影响耕地保护稳定性的立地条件，因此，耕地保护相关目标任务管制区的划定，需要首先构建对区域耕地进行综合评价的耕地质量评价体系和耕地立地条件评价体系。对于耕地立地条件，根据其对耕地保护稳定性的作用，对于对耕地保护稳定性起到推动作用的因素，可被称为正向立地条件，对于不利于维持耕地保护稳定性的因素，可被称为负向立地条件，因此，耕地立地条件评价体系可分为正向型立地条件评价体系与负向型立地条件评价体系。然后，以耕地质量评价和正向型立地条件评价进行耕地保护适宜性评价，以负向型立地条件评价进行耕地保护非适宜性评价，在此基础上，将耕地保护适宜性评价结果与耕地保护非适宜性评价结果进行叠加分析，结合耕地保有量、基本农田保护、社会经济发展耕地规模需求划定耕地保护相关目标任务管制区。

当前我国在耕地质量评价方面已相对成熟并已形成相对完善的耕地质量评价体系，我国农用地分等定级指标体系的构建也为耕地质量评价提供了良好的借鉴。通过梳理当前耕地质量评价体系指标选取成果以及农用地分等定级指标体系，综合考虑数据的可获取性，选取坡度、有效土层厚度、表层土壤质地、剖面构型、有机质含量、地表岩石裸露作为耕地质量评价指标，选取灌溉保证率、耕作距离、到河流水系距离作为耕地立地条件正向型评价指标，选取破碎度、耕地斑块形状指数、高程、中心城镇影响度、到主干道距离、路网密度作为耕地立地条件负向型评价指标。各评价因子权重通过专家咨询法获得。生态文明视角下"多规合一"耕地保护综合评价指标体系如表3.4所示。

在构建耕地保护综合评价指标体系的基础上，采用多因素综合评价法，构建耕地保护综合评价模型（钱凤魁等，2015），对耕地保护进行综合评价。耕地保护综合评价模型计算公式如下：

$$LESA=a\cdot LE+b\cdot SA_1-c\cdot SA_2 \quad\cdots\cdots\cdots\cdots (3.18)$$

式中：LESA为耕地保护综合评价分值，LE为耕地质量评价分值，SA_1为耕地正向型立地条件评价分值，SA_2为耕地负向型立地条件评价分值，a、b、c为权重值，

a+b+c=1。公式可表达为$\sum_{j=1}^{n}wij\cdot fij$，wij为第i个评价单元第j个评价指标的权重，fij为第i个评价单元第j个评价指标的作用分值。

表3.4 耕地保护综合评价指标体系

LESA体系	指标构成	评价指标体系	指标权重	评价指标	指标权重
LE部分	质量适宜性指标	适宜性评价指标体系LE部分	0.51	坡度	0.08
				有效土层厚度	0.13
				表层土壤质地	0.09
				剖面构型	0.06
				有机质含量	0.09
				地表岩石裸露	0.06
SA部分	立地条件正向型指标	适宜性评价指标体系SA1部分	0.16	灌溉保证率	0.05
				耕作距离	0.05
				到河流水系距离	0.06
	立地条件负向型指标	适宜性评价指标体系SA2部分	0.33	破碎度	0.06
				耕地斑块形状指数	0.06
				高程	0.03
				中心城镇影响度	0.06
				到主干道距离	0.06
				路网密度	0.06

　　为获取耕地保护综合评价指标体系中各评价指标的分值，依据各评价指标的不同属性，可采取不同方法对相关指标进行赋值。对耕地质量评价中的相关指标以及高程采用等级赋值法，即结合区域实际状况以及数据分布情况对指标划分不同的级别，再对各指标的不同级别赋予相应的作用分。对于中心城镇影响度、耕作距离等扩散性指标，通过指数衰减模型计算单元指标作用分。生态文明视角下"多规合一"耕地保护综合

评价指标体系中指标分值的计算方法如表3.5所示，直接赋值相关指标的赋值规则如表3.6所示。

表3.5　耕地保护综合评价指标体系指标分值计算方法

评价指标	计算方法	赋值方法
坡度	农用地分等定级成果	直接赋值
有效土层厚度	农用地分等定级成果	直接赋值
表层土壤质地	农用地分等定级成果	直接赋值
剖面构型	农用地分等定级成果	直接赋值
有机质含量	农用地分等定级成果	直接赋值
地表岩石裸露	农用地分等定级成果	直接赋值
灌溉保证率	农用地分等定级成果	直接赋值
耕作距离	GIS缓冲区	$f_i=M^{(1-r)}$，$r=d_i/d$
到河流水系距离	GIS缓冲区	$f_i=M^{(1-r)}$，$r=d_i/d$
破碎度	$E_i=(N_t-1)/N_c$	$f_i=100(E_i-E_{min})/(E_{max}-E_{min})$
耕地斑块形状指数	$E_i=4\sqrt{S_i}/L_i$	$f_i=100(E_i-E_{min})/(E_{max}-E_{min})$
高程	地图获取	直接赋值
中心城镇影响度	GIS缓冲区	$f_i=M^{(1-r)}$，$r=d_i/d$
到主干道距离	GIS缓冲区	$f_i=M^{(1-r)}$，$r=d_i/d$
路网密度	$E=L/S$	$f_i=100(E_i-E_{min})/(E_{max}-E_{min})$

注：f_i为指标i的作用分值；$M=100$；r为相对距离；di为单元距扩散源的实际距离；d为扩散源的影响半径；Ei为评价单元指标实际值；Nt为斑块总数；Nc为研究区总面积与最小斑块面积的比值；E_{max}为评价单元指标最大值；E_{min}为评价单元指标最小值；Si为单元面积；Li为单元长度；S为面积；L为

长度；耕作半径d值计算公式为$d=\sqrt{(s/n\pi)}$，n为农村居民点个数；中心城镇影响度d值计算公式为$d=\sqrt{(s/n\pi)}$，n为中心城镇个数；到河流水系距离以及到主干道距离d值计算公式为$d=S/2L$。

表3.6　部分评价指标赋值规则

评价指标	评价指标的作用分值					
	100 分	80 分	60 分	40 分	20 分	0 分
坡度	< 2°	2° ~ 6°	6° ~ 15°	15° ~ 25°	≥ 25°	—
有效土层厚度	> 100cm	60cm ~ 100cm	30cm ~ 60cm	< 30cm	—	—
表层土壤质地	轻壤土和中壤土	粘土、重壤土	砂壤土	砾质土、砂土	砂砾土	—
剖面构型	蒙金	壤体	粘心	砂底（腰）	砂心	通体砾
有机质含量	≥ 2.0%	2.0% ~ 1.5%	1.5% ~ 1.2%	1.2% ~ 1.0%	1.0% ~ 0.8%	< 0.8%
地表岩石裸露	岩石露头 < 2%	岩石露头 2%~10%	岩石露头 10%~25%	岩石露头 ≥ 25%	—	—
灌溉保证率	充分满足	基本满足	一般满足			无灌溉条件
高程	适宜	较适宜	较不适宜	不适宜	—	—

注：高程可根据区域实际状况进行适宜程度等级划分并赋值。

（3）建设用地相关目标任务管制区划定

本研究建设用地适宜性评价主要借鉴潜力—约束模型，从自然约束指标与区位条件、经济发展驱动力、政策引导等方面构建建设用地适宜性综合评价指标体系。结合建设用地适宜性综合评价体系，通过对空间自然约束条件的基本判断与定量分析以及空间发展潜力的基本判断与定量分析，落实生态文明视角下"多规合一"建设用地相关目标任务管制分区。

本研究自然约束指标主要考虑对区域生态安全起关键作用以及对区域建设起重要约束作用的水域以及生态保护红线，自然条件指标主要考虑影响区域建设的坡度、高程、地表粗糙程度指数以及地质灾害易发区，人类文化指标主要考虑区域建设过程中需要避让的文物保护单位，施工建设指标主要考虑区域施工建设所需兼顾的安全距离，区位条件指标选取距离行政中心的距离、交通便利程度、距离已有建设用地距离，经济发展驱动力指标选取与人口密度、地均国内生产总值密切相关的夜间灯光强度，政策引导指标选取与区域政府建设导向密切相关的产业集聚区以及新规划交通路线。生态文明视角下"多规合一"建设用地适宜性综合评价指标体系如表3.7所示，各指标权重由专家打分法确定。

在构建建设用地适宜性综合评价指标体系的基础上，首先识别区域自然约束指标、人类文化指标以及施工建设指标，明确区域不适宜建设空间。然后采用单因子评价法，依据自然条件指标、区位条件指标、经济发展驱动力指标以及政策引导指标中不同指标的属性，对坡度、高程、夜间灯光强度、地表粗糙程度指数以及地质灾害易发区采用等级赋值法，即结合区域实际状况以及数据分布情况划分不同级别，再对各指标的不同级别赋予相应的作用分，对距离行政中心的距离、交通便利程度、距离已有建设用地的距离、产业集聚区以及新规划交通等扩散性指标，通过指数衰减模型计算单元因子作用分，确定单项指标决定的适宜、较适宜、较不适宜、不适宜空间。最后采用多因素综合评价法对建设用地适宜性进行综合评价，对单项指标进行叠加分析，划定适宜、较适宜、较不适宜、不适宜空间。生态文明视角下"多规合一"建设用地适宜性综合评价指标体系指标分值计算方法如表3.8所示。

建设用地适宜性综合评价模型计算公式如下：

$$Y=\sum_{i=1}^{n} a_i \cdot b_i \quad\quad\quad\quad\quad (3.19)$$

式中：Y为建设用地适宜性综合评价分值，i为第i个评价指标，n为评价指标个数，a_i为第i个指标的权重，b_i为第i个评价指标的作用分值。

表3.7 建设用地适宜性综合评价指标体系

指标类别	指标权重	准则层	指标权重	适宜	较适宜	较不适宜	不适宜
自然约束指标	—	水域	—	其他			水域
		生态保护红线	—	其他			生态保护红线
自然条件指标	0.30	准则层	指标权重	评价指标的作用分值			
		分值		100分	75分	50分	0分
		坡度	0.27	≤6°	6°<坡度≤15°	15°<坡度≤25°	坡度>25°
		高程	0.19	适宜	较适宜	较不适宜	不适宜
		地表粗糙程度指数	0.27	适宜	较适宜	较不适宜	不适宜
		地质灾害易发区	0.27	适宜	较适宜	较不适宜	不适宜
人类文化指标	—	准则层	指标权重	适宜	较适宜	较不适宜	不适宜
		文物保护单位	—	>100m缓冲			<100m缓冲
施工建设指标	—	准则层	指标权重	适宜	较适宜	较不适宜	不适宜
		施工建设要求	—	>安全距离缓冲			<安全距离缓冲

续表

指标类别	指标权重	准则层	指标权重	适宜	较适宜	较不适宜	不适宜
区位条件指标	0.45	准则层	指标权重				
		距离行政中心的距离	0.09	—			
		交通便利程度	0.59	—			
		距离已有建设用地距离	0.32	—			
经济发展驱动力指标	0.15	准则层		评价指标的作用分值			
		分值		100分	75分	50分	0分
		夜间灯光强度	—	适宜	较适宜	较不适宜	不适宜
政策引导指标	0.10	准则层					
		产业集聚区	0.80	—			
		新规划交通	0.20	—			

注：高程、地表粗糙程度指数以及夜间灯光强度可根据区域实际状况进行适宜程度等级划分并赋值。

表3.8　建设用地适宜性综合评价指标体系指标计算方法

评价指标	计算方法	赋值方法
水域	—	直接识别
生态保护红线	—	直接识别
地质灾害易发区	—	直接赋值
坡度		直接赋值
高程		直接赋值
地形粗糙程度指数	—	直接赋值
文物保护单位	—	直接识别
施工建设要求	—	直接识别
距离行政中心的距离	欧氏距离	$fi=M(1-r)$，$r=di/d$
交通便利程度	欧式距离	$fi=M(1-r)$，$r=di/d$
距离已有建设用地距离	欧氏距离	$fi=M(1-r)$，$r=di/d$
夜间灯光强度	—	直接赋值
产业集聚区	欧氏距离	$fi=M(1-r)$，$r=di/d$
新规划交通	欧氏距离	$fi=M(1-r)$，$r=di/d$

注：f_i为指标i的作用分值；$M=100$；r为相对距离；di为单元距扩散源的实际距离；d为扩散源的最大影响半径。

二、空间管制协调实现路径

生态文明视角下"多规合一"空间管制包括刚性管控与弹性管理两方面。生态文明，要求"多规合一"空间管制必须首先对区域生态保护红线区进行刚性管控，其次对支撑区域社会经济发展的各类社会经济发展保障区进行刚性管控，其中，结合传统规划土地利用管控重点，对区域耕地保有量管制区、基本农田管制区、建设用地规模管制区、城镇村建设管制区、交通廊道及设施管制区进行刚性管控，然后依据不同用地类型的生态赤字/生态平衡/生态盈余状况，以维持区域生态平衡为底线，以尽力保障区域整体生态服务价值最大呈现为原则进行生态文明视角下"多规合一"的弹性管理。

（一）生态保护红线管制规则

生态文明视角下的"多规合一"，要对生态保护红线实行最严格的管控，生态保护红线区的管制重点主要包括以下几个方面：①首先要落实区域生态保护目标，主要任务为保证区域生态保护红线规模的相对稳定性以及生态保护红线区内各类生态管制要素生态服务功能的稳定发挥，尽量做到保障一定时期内区域生态保护红线规模不可随意减少以及生态保护红线区内各类生态管制要素的生态功能不退化，并且在对区域生态保护红线内各类生态管制要素进行分类归并的基础上，将各类生态管制要素保护职责与相关主管部门的空间管制职责挂钩，各部门土地利用计划要充分考虑区域生态保护红线的约束作用。②生态保护红线区的刚性管控，需要结合区域各类生态管制要素的不同主导生态服务功能，依据各类生态管制要素的相关法律及管理规定，制定生态保护红线负面清单管理制度，各部门重点项目安排要尽量避让生态保护红线,对于原本存在于生态保护红线区内并且已经取得合理手续的各类建筑,尽量避免对其进行扩建或改建工作,并制定针对其进行扩建或改建的相关管理措施以及通过科学选址制定合理搬迁方案,逐步清退对区域生态管制造成威胁或潜在威胁的各类建筑。③为保证生态文明视角下"多规合一"生态保护红线内各类生态管制要素生态服务功能的正常发挥,应定期开展对区域生态保护红线生态服务功能评估,针对生态服务功能退化的生态管制要素制定科学的生态服务功能修复方案,并由生态管制要素相关责任单位组织实施。④为便于对生态文明视角下"多规合一"生态保护红线的管理,区域生态保护红线确立后应设立生态保护红线标志,并建立生态保护红线地理信息平台,从而对生态保护红线实施数字化管理。同时,区域应开展生态保护红线的资源普查和专项调查,制定既有建设项目和村庄分类处置方案,分步组织实施。在保证对生态保护红线范围内各类生态管制要素进行刚性管控的同时,建立生态保护红线的动态优化调整机制,确保长效科学管理。⑤把生态补偿政策同生态红线保护、资源有序开发等有机结合,明确生态补偿的责、权、利,切实保障生态保护红线内公民、法人和其他组织的合法权益,探索建立生态保护补偿资金制度以及多层次、多渠道的生态保护补偿机制,鼓励通过协商或者按市场规则进行生态保护补偿。⑥将生态保护红线管理纳入政府绩效目标考核体系,建立生态保护红线的动态评估和督查机制，开展生态保护红线划定及实施管理督查，加强生态保护红线巡查与监测工作，建立生态保护红线日常巡查机制，利用遥感技术等现代科技手段，对生态保护红线内的违法建设行为进行动态监测，对生态环境质量进行动态评估。

（二）社会经济发展保障区管制规则

生态文明视角下"多规合一"各类社会经济发展保障区的主要功能为支撑规划期内区域社会经济发展目标任务的实现，因此，各类社会经济发展保障区的管制重点为严格保障各类社会经济发展保障区的规模及其对社会经济发展目标任务实现的承载能力，其中，应重点关注对耕地保护目标任务相关管制区以及建设用地目标任务相关管制区的管控。

其中，耕地保护目标任务相关管制分区中耕地保有量管制区、基本农田保护管制区的管制重点为：①耕地保有量管制区、基本农田保护管制区一经划定，不得随意调整。除法律规定的能源、交通、水利、军事设施等国家重点建设项目选址确需占用而无法避免的除外，其他任何建设项目都不得占用管制区内的耕地。②城市建设要实现组团式、串珠式发展，不得侵占管制区内的耕地搞新区，也不得以各种园区、开发区的名义进行非法圈地，占用管制区内的耕地。同时，要强化土地用途管制，严格占用管制区内耕地建设项目土地用途转用许可，规范许可程序，提高占用成本。③充分发挥耕地的复合功能，合理引导和控制建设用地扩张，并结合实施土地整治工程，全面推进耕作层土壤再剥离，确保耕地保护数量不减少、质量有提高。

建设用地目标任务相关管制区的管制重点为：①坚持规模约束、节约集约的原则，通过划定建设用地目标任务相关管制区来引导、约束区域各类开发建设活动、保护生态环境和耕地资源、优化区域建设空间布局，建设空间内允许有一定的非建设用地，作为绿色开敞空间，充分发挥非建设用地的生产、生态功能。②规划期内划定的各类建设用地管制区，应作为各部门共同遵守的刚性约束内容，各类规划的编制应充分衔接各类建设用地管制区。③以划定的各类建设用地管制区来限制各部门的土地开发建设行为，并加强对各类建设用地管制区内部存量建设用地的挖潜利用，开展建设用地节约集约利用评价，引导存量建设用地结构优化。④结合高科技手段，实时监测监管建设用地管制区内的建设行为，根据社会经济发展需要，定期开展对建设用地目标任务相关管制区的评估和调整。规划期内，在不突破建设用地总量控制指标的前提下，建设用地目标任务相关管制区内的建设用地布局可以依据有关规定进行适度调整。

（三）弹性管制区管制规则

生态文明视角下，"多规合一"的弹性管理以生态平衡为标准，在保障区域生态保护红线维护、社会经济发展目标任务实现的前提下，以促进区域整体生态服务价值最大程度保障为原则，将社会经济发展用地不同用地类型中出现生态盈余的地类按照如下规则进行调整：将出现生态盈余状态且单位面积生态服务价值由低到高的用地类型依次补充出现生态赤字状态且单位面积生态服务价值由高到低的用地类型。

第三节　本章小结

本章阐述了生态文明视角下"多规合一"实现路径构建的理念、目标、原则，构建了生态文明视角下"多规合一"的实现路径，可以得出如下结论及启示：

（1）"多规合一"的本质为解决"多规"因不同规划理念、规划目标、规划原则导致的规划间冲突。当前我国整体改革的语境为生态文明建设，"多规合一"作为生态文明体制改革的重要组成部分，指导"多规合一"的理念应是生态文明理念。生态文明理念指引下，"多规合一"要同时保障生态保护目标及社会经济发展目标的落实，以此来改变传统规划重经济轻生态的现象，并遵循生态优先原则，优先落实生态保护目标。同时，"多规合一"的实现，要以全面性与可操作性、生态优先与社会经济生态协调、重点要素保障、刚性与弹性结合、区域性与普适性、相对稳定性为原则。

（2）在生态文明视角下"多规合一"实现原则指引下，围绕生态文明理念以及"多规合一"生态保护目标与社会经济发展目标的落实，"多规合一"可以通过技术与空间管制协调两条路径实现，其中，技术实现路径主要包括坐标统一、规划期限统一、土地资源数量分配统一以及空间管制分区统一四个方面。

（3）生态文明视角下"多规合一"实现的根本目的为实现对土地资源的科学管控，土地资源科学管控主要体现在土地资源配置科学与空间管制科学两方面。生态文明视角下，"多规合一"土地资源配置科学主要体现在要优先落实生态保护目标，确定负责生态保护的土地资源数量，优先划定生态保护红线区，并将生态保护红线作为区域"多规"土地利用过程中所必须坚守的底线；土地资源配置科学还体现在落实生态保护目标的同时兼顾社会经济发展目标，社会经济发展目标实现过程中还要考虑区域的可承载能力。生态文明视角下，"多规合一"空间管制科学，主要体现在要优先对生态保护红线进行刚性管控，并制定相应的管制要求；其次对生态文明视角下"多规合一"各类社会经济发展目标任务规模保障需求管制区进行刚性管控，并制定相应的管制要求；在此基础上，以维持区域生态平衡以及尽力保障区域整体生态服务价值为准则，确定生态文明视角下"多规合一"的弹性管制区,并制定相应的管制要求,实现生态文明视角下"多规合一"刚性管控与弹性管理相结合。

（4）生态文明视角下的"多规合一"要以重点要素为依托,形成讲重点、分层次的"多规合一"实现模式。生态文明视角下的"多规合一"要重点落实国家意志,国家意志投射到生态文明视角下的"多规合一"中为科学确定保障粮食安全、生态安全、经济安全的土地资源数量、空间布局以及空间管制规则。

（5）生态文明视角下,"多规合一"要实现社会经济生态协调发展,借鉴传统生态足迹理论,以不同用地类型的生态服务价值为切入点,构建基于"多规合一"社会经济发展目标任务、不同用地类型规模及其生态服务价值的改进的生态足迹法,改进的生态足迹法为生态文明视角下"多规合一"中空间规划与发展规划的衔接以及土地资源科学配置提供了方法支撑。改进的生态足迹模型中,生态足迹反映社会经济发展目标任务产生的发展状态及其对土地生态系统生态服务价值的占用状态;生态承载力反映土地资源配置方案对社会经济发展目标任务的支撑状态及其对生态服务价值的供给状态;以生态平衡为底限形成更加合理的社会经济发展分布。

（6）本章提出了生态文明视角下"多规合一"的准则,主要包括在"多规合一"实现过程中,优先划定生态保护红线并进行严格管控,并且以生态保护红线作为"多规"土地利用的前端约束条件。同时,在实现"多规合一"社会经济发展目标任务时,要充分考虑土地生态系统的生态服务价值及区域的可承载能力,维持区域生态平衡。生态文明视角下"多规合一"弹性管理的实现也应以尽力保障区域整体生态服务价值最大呈现为目的。

第四章　实证分析

第一节　研究区概况及数据来源

一、研究区地理位置及行政区划

　　沂源县位于山东省的几何中心，隶属山东省淄博市，地处淄博市南部。全县总面积位列淄博市之首，总面积达1636平方公里，与济南市、沂水县等5个市县区接壤，县域范围在东经117°54′—118°31′，北纬35°55′—36°23′之间（图4.1）。沂源县虽位于山东省的几何中心，但位于省会城市群经济圈最外层的辐射圈，距离淄博市中心较远，能享受到的政策辐射有限。沂源县境内历来缺少高效通路，未来随着沾沂高速建成后，将实现南北贯穿，青兰高速、G341、S234、S317横贯东西，再加上S231、S229、S232以及县乡道路可实现全域贯通，沂源县的交通通达覆盖范围将大大提升。

图4.1 沂源县位置示意图

注：根据土地利用数据库绘。

2011年，沂源县乡镇进行较大调整，三岔乡的14个村被合并至悦庄镇，三岔乡剩余村庄与土门镇被合并至南鲁山镇，徐家庄乡被撤销并合并至鲁村镇。截至2015年底，沂源县县域行政辖区范围内有南鲁山镇、悦庄镇、鲁村镇、大张庄镇、石桥镇、燕崖镇、中庄镇、张家坡镇、西里镇、东里镇等10个镇，历山街道、南麻街道2个街道办事处（图4.2），641个行政村。沂源县中心城区主要布局在历山街道、南麻街道和悦庄镇范围内，中心城区规划发展方向为向东部、东北、东南方向发展。

二、研究区自然概况

沂源县的命名渊源来自其为沂河发源地。沂源县是山东省平均海拔最高的县，境内地形复杂、地貌类型较为丰富，主要有中山、低山、丘陵、山前倾斜平地，地势从西北向东南逐渐倾斜，西北高、东南低，呈簸箕状。中山主要分布于南鲁山镇的县边界处，山东省四大高山之一的鲁山就位于南鲁山镇内，沂源县制高点就在鲁山山顶，海拔1108.3米，沂源县境内，中山的海拔高度均大于800米。低山是沂源县的主要地貌类型，在全县各乡镇均有分布，沂源县境内，中山海拔高度均大于400米且小于800米。丘陵主要分布于鲁村镇、南麻镇、悦庄镇、东里镇，沂源县境内，丘陵的海拔高度均大于200米且小于400米。山前倾斜平地主要分布于鲁村镇、南麻镇、悦庄镇三镇周围以及沂河的两岸，沂源县境内，山前倾斜平地的海拔高度均大于180米且小于300米。由于地势起伏较大，沂源县境内存在地质灾害易发区，影响了建设适宜性。

沂源县境内具有明显的水文特征，全县水资源分布面积广，沂河、螳螂河、田庄水库等水体面积较大，贯穿境内，以沂河为代表的大小河流达1530条，其中以沂河最长，总长达84.6公里。沂源县境内水资源不仅分布面积广并且水资源量大，8.1亿立方米的水资源为沂源县居民的生活以及工农业生产提供了充足的水源保障。沂源县境内及外来污染源少，水质情况良好，并且随着原东风化肥厂的搬迁，全县主要饮水水源地——田庄水库，水质条件较先前大为改善。值得一提的是，沂源境内各乡镇均有矿泉水分布，因其矿泉水PH值、总硬度、矿化度均为饮用水标准中的最优，沂源县被命名为中国矿泉水之乡。

三、研究区社会经济概况

根据统计年鉴相关数据，2011年沂源县人口规模为56.5万人，其中农村人口规模为48.7万人，城镇人口规模为7.8万人。2015年沂源县人口规模为56.8万人，其中农村人口规模为42.4万人，城镇人口规模为15.9万人。城镇化率由"十二五"规划期初的13.81%提升到"十二五"规划期末的27.99%。

根据统计年鉴相关数据，2011年沂源县国民经济总产值为1894396万元，其中第一产业产值229318万元，所占比重为12.11%，第二产业产值为942686万元，所占比重为49.76%，第三产业产值为722392万元，所占比重为38.13%。2015年沂源县国民经济总产值为2484836万元，其中第一产业产值307219万元，所占比重为12.36%，第二产业产值为1092658万元，所占比重为43.97%，第三产业产值为722392万元，所占比重为43.67%。

　　分产业来看，沂源县是典型的山区县，境内通风条件、光照条件优越，适宜的温差条件有利于林果业产品质量的提升。因产出的苹果、樱桃等水果口感好、质量高，沂源县被评为全国果品生产百强县，其中，沂源苹果获得中国地理标志产品。县内143种林业品种和药材资源也是沂源宝贵的农业财富资源，林业资源和药材资源广泛分布在全县各个乡镇，促进了农民的增收。沂源资本市场活跃，全县有瑞丰、合力泰等诸多上市企业，被称为资本市场的"沂源现象"。沂源县企业大多能把握产品市场的大趋势，很多企业采取走出去、请进来的办法引进科技含量高、市场潜力大的产品进行生产。近年来，县内院士工作站、博士后流动站的建立也促进多家企业的入住以及企业产品的更新换代，为企业长足发展打下基础。虽然沂源县工业外部发展环境良好，以医药中间体为代表的经济开发区规模化产业园正在建设中，沂源县工业产值也在逐步增长。2015年全县高新技术产业产值为279亿元，占规模以上工业总产值的比重为54.06%，高新技术产业产值占比全市最高，新医药、新能源、新材料产业贡献巨大。但沂源县工业整体规模偏小，规模以上工业总产值在周边县市处于中游水平，带动能力不足。近几年，沂源县第三产业发展迅速，县域经济逐步向服务型转变，产业转型逐步稳妥落实，尤其借助省级生态县优势，旅游业发展势头良好，电商产业的蓬勃发展也带动了沂源农副产品向高产量、精细化的转化。但客观而言，沂源县旅游资源相对分散，基础设施不完善，并且受到地形、地貌限制，缺少旅游快速路网，限制了游客数量增长，核心景区龙头作用不明显，品牌优势没有形成，使得沂源县当前旅游业发展明显滞后于周边区县。2008至2015年，沂源县旅游规模增长较慢，旅游人次年均增速仅为8.3%，远落后于沂南县（40.1%）、沂水（17.9%）等沂蒙山区的其他地区。为此，沂源县在山东山区县中率先实现"村村通"，随着交通条件的日益便捷，旅游业区位优势逐步凸显，这将有利于推动沂源县未来旅游业转型升级，从"景区旅游"向"全域旅游"模式转变。

2015年，沂源县固定资产投资166.31亿元，居全市第八位，税收收入达到20.10亿元，在全市排名第七，综合经济实力较弱，全县GDP总量、人均GDP在全市排名均靠后，城镇工矿用地地均二、三产业增加值距全市平均水平还有一定距离。2015年，淄博市各区县固定资产投资与税收情况见表4.1，各区县GDP情况见图4.2。沂源县"十二五"规划期间其他主要人均社会经济指标见图4.3—4.8。

表4.1 2015年淄博市各区县固定资产投资与税收收入统计表

区县	固定资产投资 （万元）	排名	税收收入 （万元）	排名
张店区	3844524	1	838872	2
临淄区	3631942	2	1533841	1
桓台县	3349343	3	395353	3
淄川区	3307658	4	353395	5
博山区	2774419	5	226589	6
周村区	2369308	6	187983	8
高新区	1704373	7	387361	4
沂源县	1663083	8	201043	7
高青县	1248558	9	171554	9
文昌湖区	152685	10	16467	10

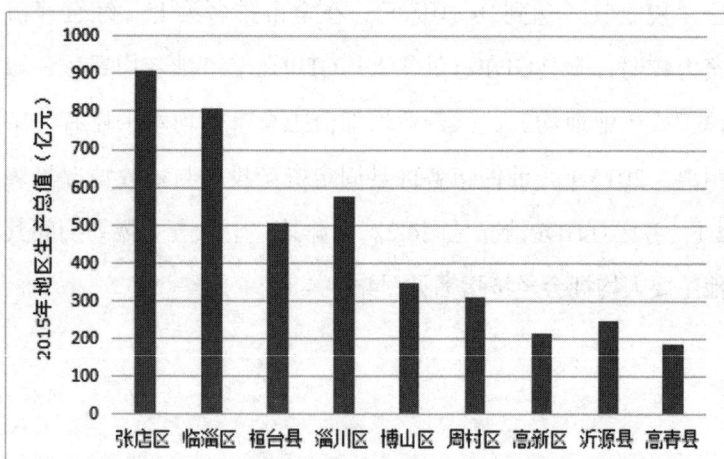

图4.2 2015年淄博市各区县地区生产总值

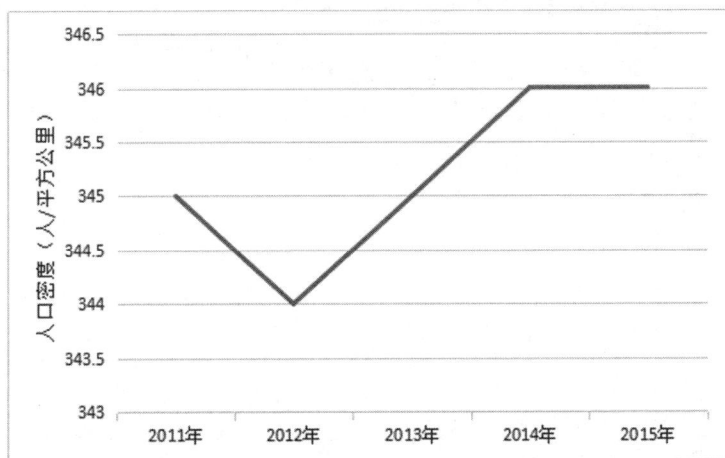

图4.3 沂源县"十二五"期间人口密度

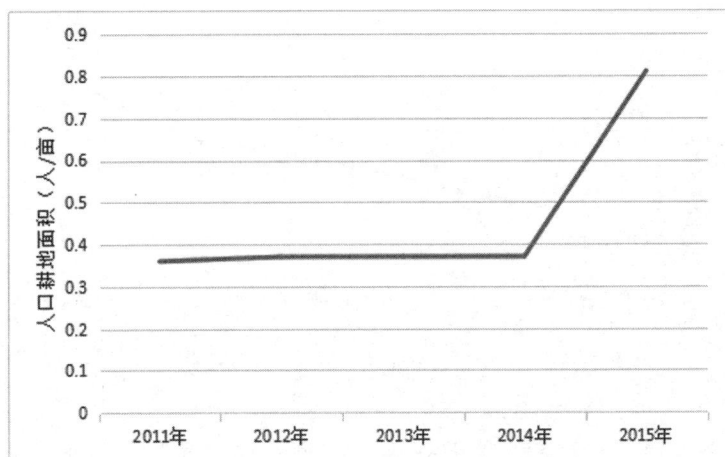

图4.4 沂源县"十二五"期间人均耕地面积

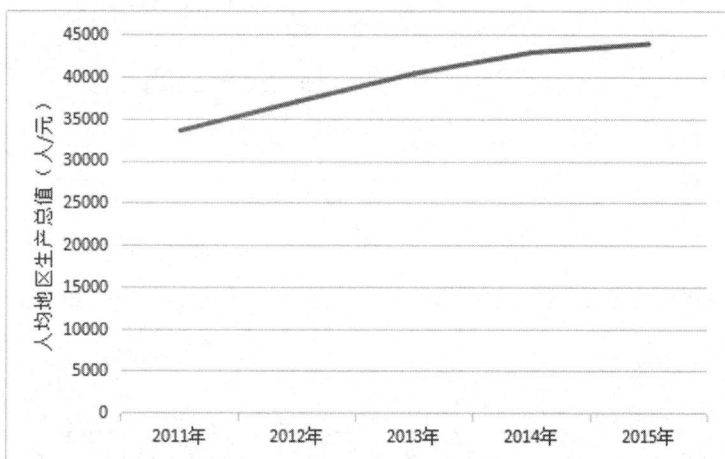

图4.5　沂源县"十二五"期间人均生产总值

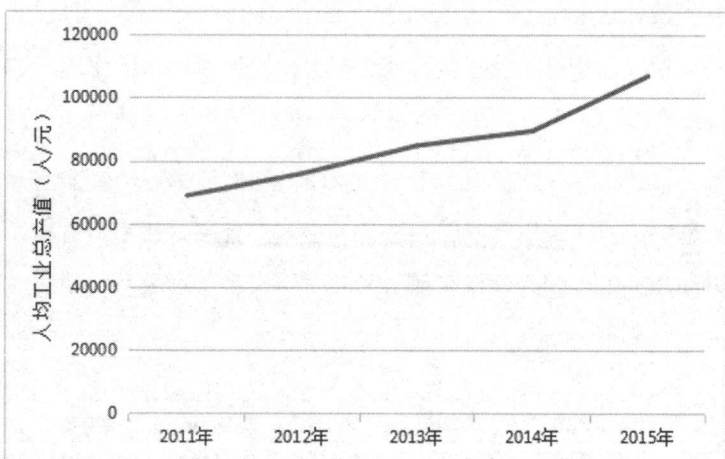

图4.6　沂源县"十二五"期间人均工业总值

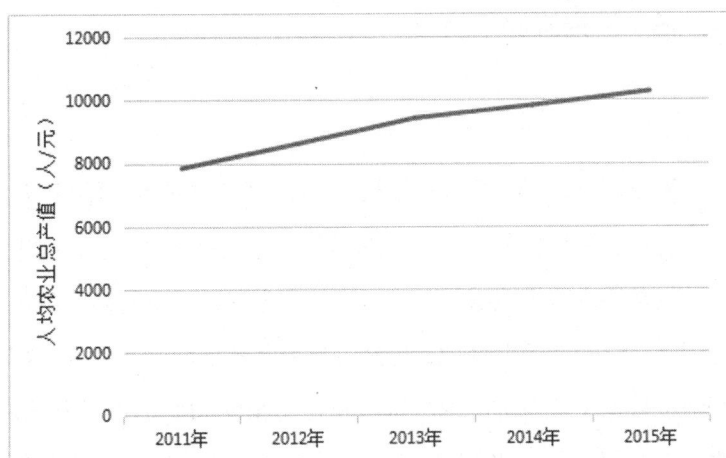

图4.7　沂源县"十二五"期间人均农业总值

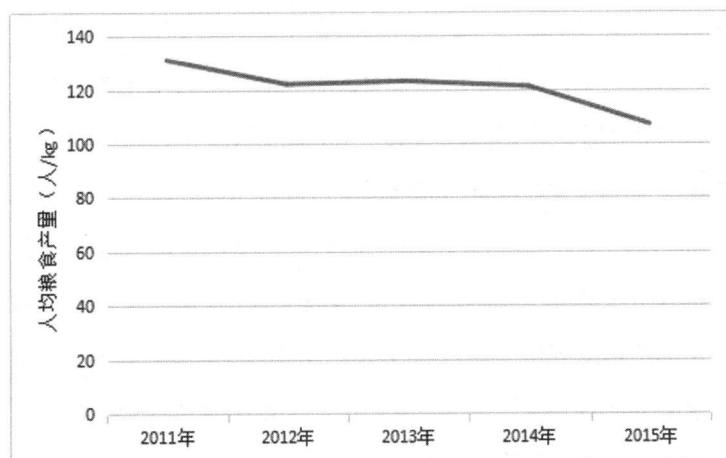

图4.8　沂源县"十二五"期间人均粮食产量

四、数据来源及处理

(一)数据来源

论文的基础数据主要包括三个方面:基础地理信息数据、土地利用数据、社会经济发展数据。基础地理信息数据主要包括数字高程模型数据(源自中国科学院计算机网络信息中心国际科学数据镜像网站,即地理空间数据云网站)、夜间灯光强度数据(源自美国国家海洋和大气管理局网站)、河流数据(源自沂源县水利局)、交通数据(源自沂源县公路局与沂源县交通局)、行政区划空间数据(源自沂源县原国土资源局)和中心城区数据(源自沂源县原规划局)等。土地利用数据主要包括沂源县2015年沂源县土地利用变更数据(源自沂源县原国土资源局)、沂源县2015年农用地分等定级数据库(源自沂源县原国土资源局)、沂源县地质灾害易发区分布数据(源自沂源县原国土资源局)、沂源县2015年城市总体规划数据库(源自沂源县原规划局)。社会经济发展数据主要包括《沂源县统计年鉴(2011—2015年)》(源自沂源县统计局)、《沂源县生态保护红线规划(2016—2020年)》(源自沂源县环保局)、《沂源县国民经济与社会发展规划(2016—2020年)》(源自沂源县发展与改革局)、《沂源县土地利用总体规划(2006—2020年)》(源自沂源县原国土资源局)、《沂源县城市总体规划(2006—2020年)》(源自沂源县原规划局）、《沂源县水利发展"十三五"规划》（源自沂源县水利局）、《沂源县干线公路网规划（2017—2030）》（源自沂源县交通局）、《沂源县生态旅游发展整合提升"十三五"规划》（源自沂源县旅游局）、《沂源县土地整治规划（2016—2020年）》（源自沂源县原国土资源局）、第一产业各产品价格数据（源自沂源县物价局），人造林木生产活动单位面积成本费用（源自沂源县林业局）。本研究所用的数据来源列表如表4.2所示。

表4.2　本研究所用的数据列表

数据名称	年份	类型	范围	数据说明
土地利用数据库	2015	矢量	全域	—
农用地分等定级数据库	2015	矢量	局部	—
交通道路分布	2015	矢量	全域	—
河流分布	2015	矢量	全域	—
数字高程数据	2015	栅格	全域	—
行政界线	2015	矢量	全域	—
DMSP/OLS	2013	栅格	全域	—
土地利用总体规划	2006—2020	文字、矢量	全域	文本、图件
城市总体规划	2006—2020	文字、矢量	局部	文本、图件
生态保护红线规划	2016—2020	文字、矢量	局部	文本、图件
国民经济与社会发展规划	2016—2020	文字	全域	文本
水利发展规划	2016—2020	文字、矢量	局部	文本、图件
干线公路网规划	2017—2030	文字、矢量	全域	文本、图件
生态旅游发展整合提升规划	2016—2020	文字、矢量	局部	文本、图件
土地整治规划	2016—2020	文字、矢量	全域	文本、图件
统计年鉴	2011—2015	文字	—	文本

（二）数据处理

论文主要采用ARCGIS10.2对空间数据进行处理。将土地利用总体规划、城市总体规划、土地整治规划等规划矢量数据的坐标系统一至2000国家大地坐标系，并将生态文明视角下"多规合一"成果统一为SHP格式。将土地利用规划与城市总体规划叠加，梳理"两规"交叉重叠部分，解决"两规"矛盾，作为生态文明视角下"多规合一"的工作底图。采用LINGO11.0进行社会经济发展用地需求规模进行核算。采用统计年鉴中国内生产总值、第一产业产品产量等统计数据用于生态文明视角下"多规合一"社会经济发展用地需求规模核算。采用数字高程模型（DEM）用于计算坡度因子和高程因子，并服务于耕地保护适宜性评价以及建设用地适宜性评价。农用地分等定级数据库主要用于耕地保护适宜性评价中有效土层厚度、表层土壤质地、剖面构型、有机质含量、地表岩石裸露、灌溉保证率等指标赋值，土地利用现状数据用于耕地保护适宜性评价中耕作距离、到河流水系距离、破碎度、耕地斑块形状指数、中心城镇影响度、到主干道距离、路网密度等指标的计算以及建设用地适宜性评价中地形粗糙程度指数、距离行政中心的距离、交通便利程度、距离已有建设用地距离、产业集聚区、新规划交通等指标的计算。本研究的规划基期年为2015年，而夜间灯光强度的最新更新年份为2013年，考虑到时间差异影响能在可控范围内，故论文以2013年夜间灯光强度数据代替2015年夜间灯光强度数据，用于建设用地适宜性评价。

第二节　生态文明视角下"多规合一"土地资源数量统一配置结果

一、生态保护红线规模确定

依据《生态保护红线划定指南》以及《沂源县生态保护红线规划（2016—2020）》，首先对研究区进行生态服务功能重要性评估以及生态敏感性评价，依据生态服务功能重要性评估与分级结果以及生态敏感性评估与分级结果，将评估出的具有重要生态系统服务功能以及因生态敏感性需被保护的区域纳入生态保护红线。然后识别省级及以上自然保护区、风景名胜区、湿地公园、森林公园、地质公园等禁止开发区域，对评估结果进行补充完善，最终确定研究区生态保护红线规模。

研究区生态系统服务功能重要性评估、生态敏感性评价、生态系统服务功能重要性及生态敏感性综合评价结果以及各级别禁止开发区域如图4.9—4.16所示。

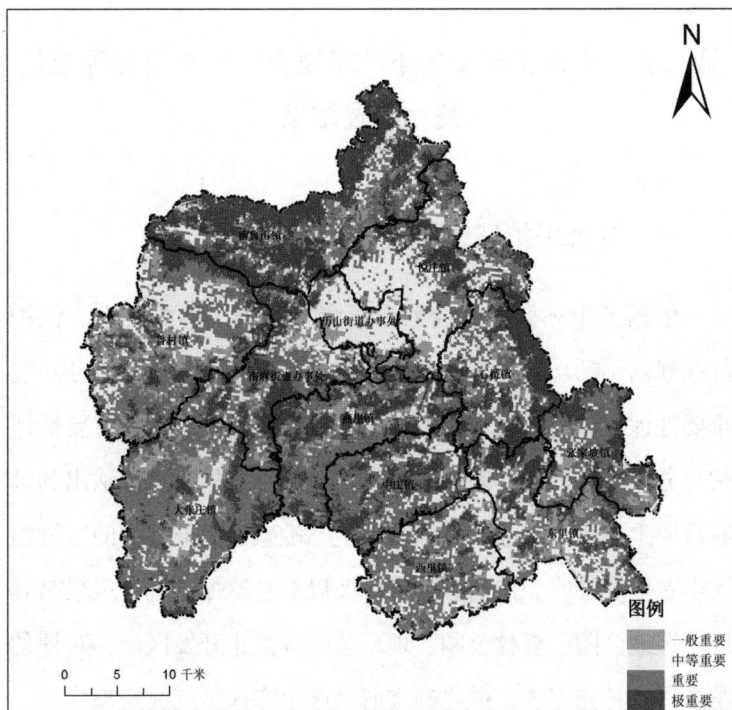

图4.9　生态系统服务功能重要性评价图

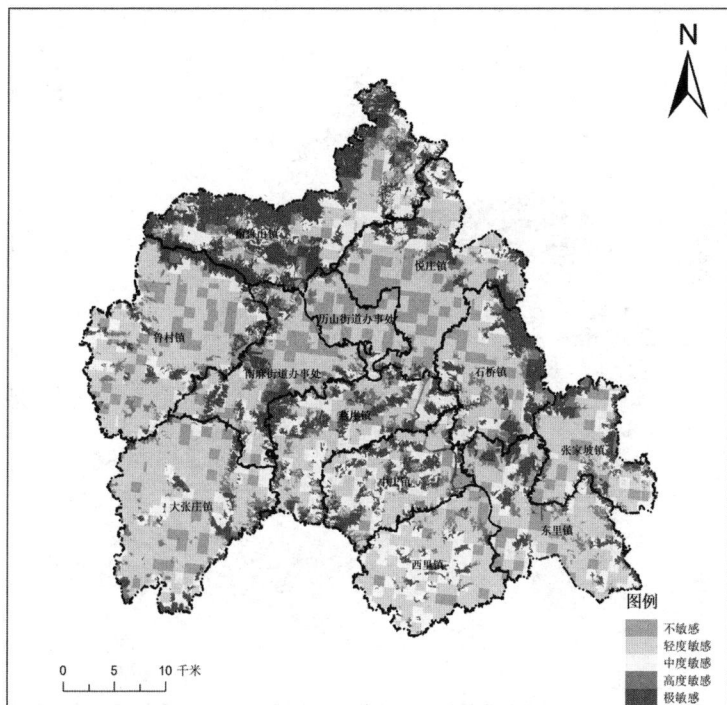

图4.10　生态敏感性评价图

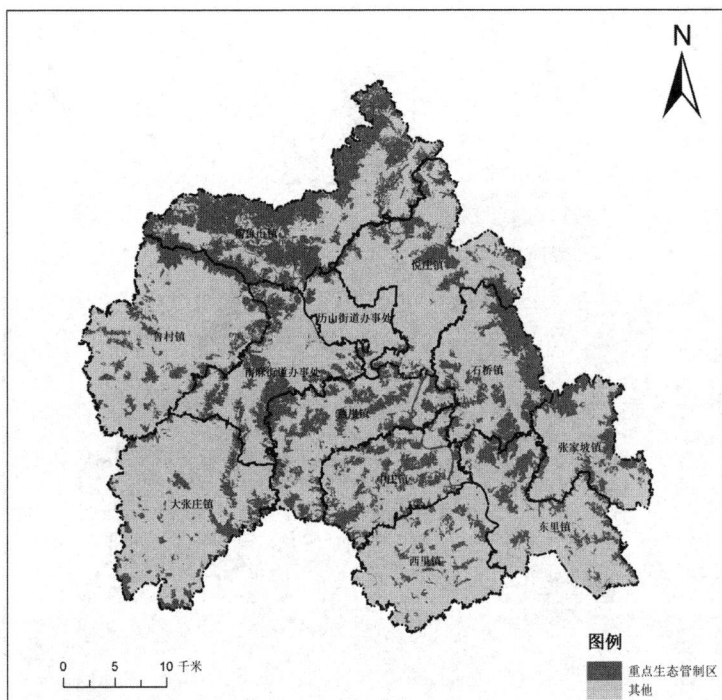

图4.11 生态管制综合评价图

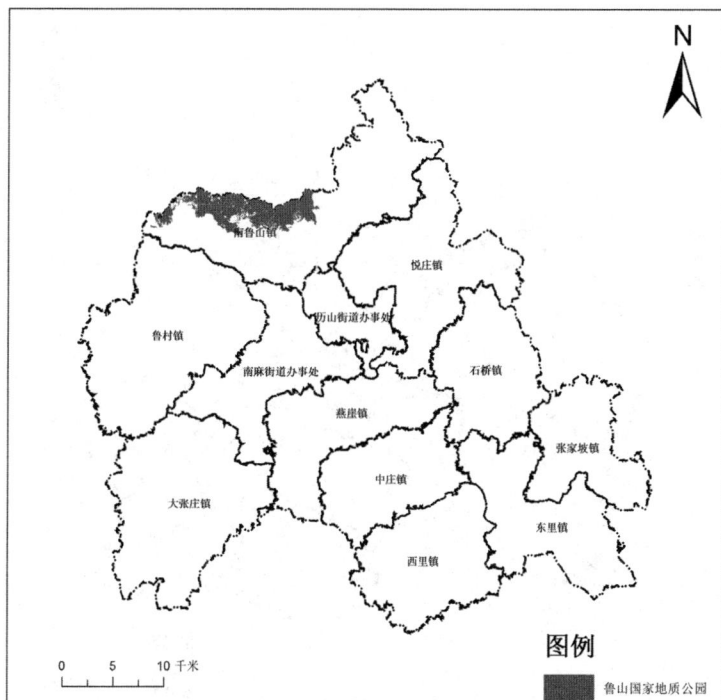

图4.12 鲁山国家地质公园图

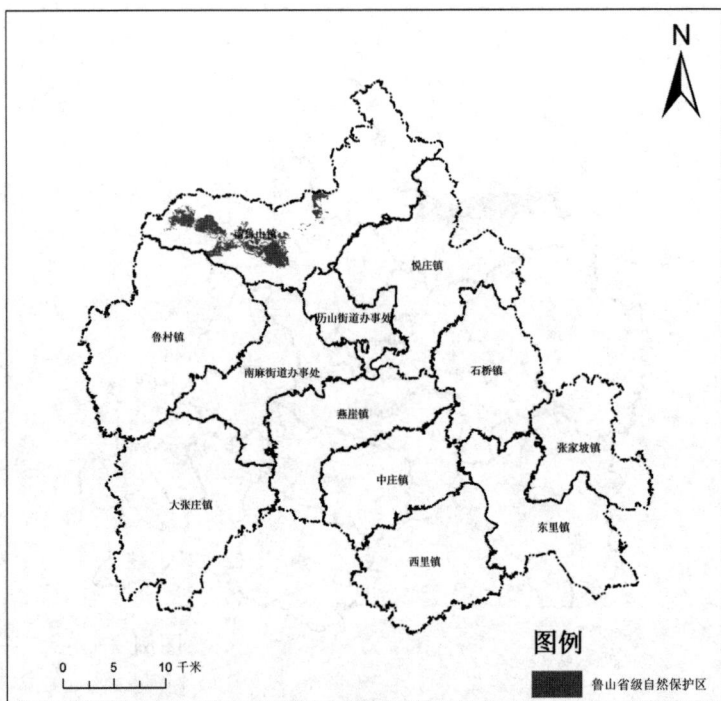

图4.13 鲁山省级自然保护区图

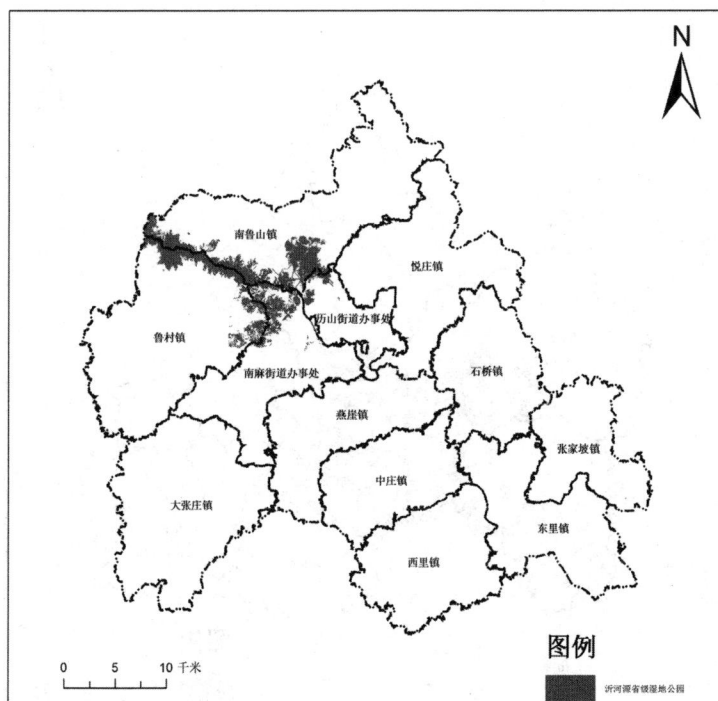

图4.14 沂河源省级湿地公园图

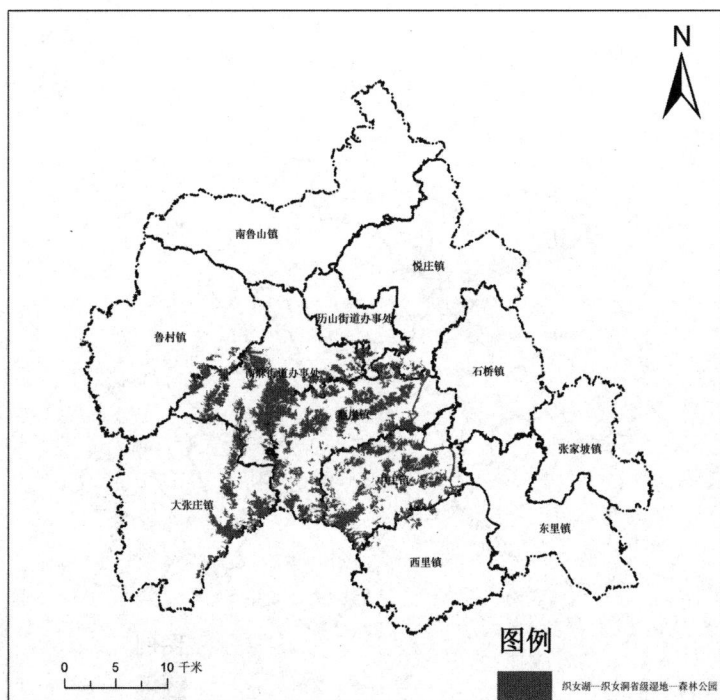

图4.15 织女湖—织女洞省级湿地—森林公园图

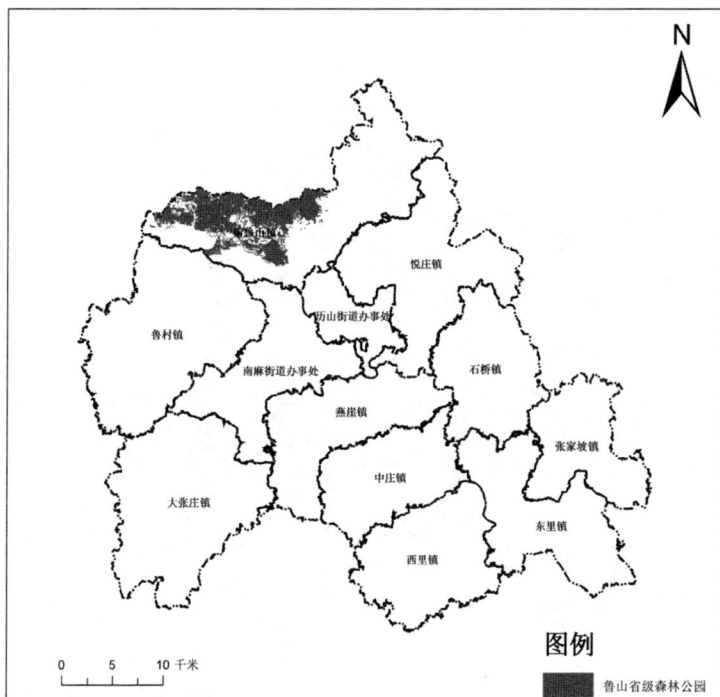

图4.16 鲁山省级森林公园图

　　研究区境内存在国家级禁止开发区域一处（鲁山国家地质公园），省级禁止开发区域共五处，包括一处省级自然保护区（鲁山省级自然保护区）、两处省级湿地公园（沂河源省级湿地公园、织女湖省级湿地公园）以及两处省级森林公园（鲁山省级森林公园、织女洞省级森林公园）。综合生态系统服务功能重要性及生态敏感性综合评价结果以及各级别禁止开发区域，确定研究区生态保护红线面积为41408.56hm^2，如图4.17所示。

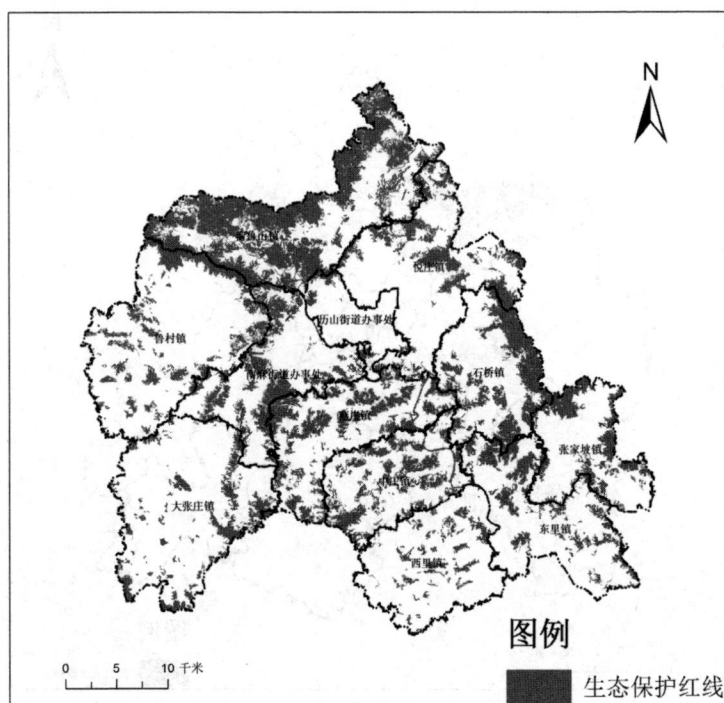

图4.17 沂源县生态保护红线

二、社会经济发展用地规模确定

1.经济发展目标任务需求规模核算

（1）规划目标年第一产业内部产品产值比重确定

以研究区2011—2015年统计年鉴中第一产业总产值相关数据（2010年可比价格），计算沂源县规划目标年第一产业

内部各产业以及各产业内部各产品产值所占比重。本研究第一
产业内部各产业以及各产业内部各产品比重以2011—2015年平
均值计算。经计算，研究区规划目标年农业产值（耕地产品部
分）、农业产值（园地产品部分）、林业、畜牧业、渔业总产
值占第一产业总产值的比重分别为18.26%、52.55%、4.30%、
23.19%、1.70%。农业、林业、牧业、渔业内部各产品比重如表
4.3所示。其中，研究区水产品全部为淡水鱼类，比重为100%。

表4.3　规划目标年沂源县第一产业内部各产品产值所占比重

产品	对应产值	比重	产品	对应产值	比重
小麦	农业产值（耕地部分）	6.44%	苹果	农业产值（园地部分）	47.21%
玉米	农业产值（耕地部分）	8.20%	梨	农业产值（园地部分）	0.82%
谷子	农业产值（耕地部分）	7.18%	葡萄	农业产值（园地部分）	15.14%
高粱	农业产值（耕地部分）	1.12%	桃	农业产值（园地部分）	22.08%
大豆	农业产值（耕地部分）	2.27%	樱桃	农业产值（园地部分）	12.88%
绿豆	农业产值（耕地部分）	0.43%	核桃	农业产值（园地部分）	0.40%
红小豆	农业产值（耕地部分）	0.28%	花椒	农业产值（园地部分）	1.47%
薯类	农业产值（耕地部分）	1.00%	林木生产活动	林业产值	73.56%
花生	农业产值（耕地部分）	3.22%	木材	林业产值	26.44%

产品	对应产值	比重	产品	对应产值	比重
棉花	农业产值（耕地部分）	0.17%	牛	畜牧业产值	15.73%
烟叶	农业产值（耕地部分）	1.58%	肉禽	畜牧业产值	32.27%
蔬菜	农业产值（耕地部分）	64.81%	羊	畜牧业产值	25.86%
西瓜	农业产值（耕地部分）	1.70%	禽蛋	畜牧业产值	15.87%
香瓜	农业产值（耕地部分）	0.18%	猪	畜牧业产值	10.26%
草莓	农业产值（耕地部分）	1.42%			

（2）经济发展目标任务生态足迹归属确认

沂源县耕地产品产出生态足迹计入耕地生态足迹；猪、禽类的养殖与禽蛋的产出消耗玉米，该部分玉米产出生态足迹计入耕地生态足迹；沂源县小麦与玉米实行轮作且玉米种植面积大于小麦种植面积，故小麦产出生态足迹不计入耕地生态足迹；园地产品产出生态足迹计入园地生态足迹；林业产品产出生态足迹计入林地生态足迹；羊的饲养以放牧为主，该部分牧草产出生态足迹计入草地生态足迹；牛的饲养消耗秸秆，秸秆为沂源县农业副产品，牛的饲养不产生生态足迹；淡水鱼类产出产生水域生态足迹；二、三产业发展产生建设用地生态足迹。

（3）规划目标年经济发展目标任务规模保障需求

依据《沂源县国民经济与社会发展规划（2016—2020

年）》，沂源县规划目标年经济发展目标任务为350亿元
（2010年可比价格），三产拟调整比例为8：47：45，故规划
目标年全县第一产业目标增加值为28亿元。依据《沂源县统
计年鉴》2011－2015年，沂源县第一产业中间投入消耗比例
为44%，故规划目标年沂源县第一产业目标总产值应达到50亿
元。由前述所知，研究区规划目标年农业产值（耕地产品部
分）、农业产值（园地产品部分）、林业、牧业、渔业总产
值占第一产业总产值的比重分别为18.26%、52.55%、4.30%、
23.19%、1.70%，故研究区规划目标年农业产值（耕地产品
部分）、农业产值（园地产品部分）、林业、畜牧业、渔业
总产值应分别达到9.13亿元、26.28亿元、2.15亿元、11.59亿
元、0.85亿元，将以上数据代入公式3.1—3.5，得出规划目标
年经济发展目标任务第一产业产品需求规模及耕地、园地、
林地、草地、水域需求规模。第一产业产品需求规模如表4.4
所示。

表4.4　规划目标年沂源县经济发展目标任务需求规模

单位：hm²

产品	用地类型	需求规模	产品	用地类型	需求规模
玉米（农业）	耕地	5010.48	西瓜	耕地	193.80
玉米（猪）	耕地	2560.13	香瓜	耕地	19.19
玉米（肉禽）	耕地	6336.95	草莓	耕地	32.91

续表

产品	用地类型	需求规模	产品	用地类型	需求规模
玉米（禽蛋）	耕地	3810.09	苹果	园地	9558.76
谷子	耕地	2679.89	梨	园地	100.57
高粱	耕地	594.76	葡萄	园地	2808.63
大豆	耕地	868.94	桃	园地	4259.28
绿豆	耕地	88.40	樱桃	园地	1674.64
红小豆	耕地	126.80	核桃	园地	134.76
薯类	耕地	712.89	花椒	园地	547.50
花生	耕地	1031.50	木材	林地	360.93
棉花	耕地	61.07	林木生产活动	林地	15815.40
烟叶	耕地	386.48	羊	草地	15953.15
蔬菜	耕地	3418.03	鱼	水域	1416.66

由表4.4可知，规划目标年沂源县经济发展目标任务耕地、园地、林地、草地、水域需求规模分别为27932.31hm²、19084.14hm²、16176.33hm²、15953.15hm²、1416.66hm²。

根据《沂源县国民经济与社会发展规划（2016—2020年）》，规划目标年全县二、三产业目标增加值占比拟调整为92%，即二、三产业目标增加值应达到322亿元。《全国土地规划纲要（2006—2020年）》指出，规划期内单位建设用地二、三产业产值年均增长应在6%以上，2005年，沂源县单位建设用地二、三产业产值为109.87万元/hm²（2010年可比价格），故规划目标年沂源县建设用地单位面积目标增加值应至少达到263.31万元/hm^2，将以上数据代入公式3.6，得出规划目标年沂源县建设用地需求规模为12228.93hm^2。

2.人口发展目标任务需求规模核算

依据《沂源县"十三五"国民经济与社会发展规划》，规划目标年沂源县总人口预计达到61万人，城镇化率为60.2%。灰色数列预测模型主要对时间数列数据进行数量大小的预测，规划目标年第一产业产品人均消费量采用GM(1，1)模型预测。将以上数据代入公式3.7—3.11，得出沂源县规划目标年人口发展目标任务耕地、园地、林地、草地、水域需求规模，如表4.5所示。

表4.5　规划目标年沂源县人口发展目标任务需求规模

单位：hm^2

用地类型	需求规模	用地类型	需求规模
耕地（粮食）	22052.22	林地	610.00
耕地（畜牧）	5635.91	草地	6342.71
园地	6680.32	水域	1057.33

注：表中畜牧业产品消耗耕地产品、草地产品等的相关数据借鉴谢鸿宇等人的研究成果（谢鸿宇等，2009）。

由表4.5可知，规划目标年沂源县人口发展目标任务耕地、园地、林地、草地、水域需求规模分别为27688.13hm^2、6680.32hm^2、610.00hm^2、6342.71hm^2、1057.33hm^2。

依据《沂源县土地利用总体规划（2006—2020年）》，沂源县规划目标年城镇工矿用地人均用地标准为0.02hm²/人，故规划目标年沂源县城镇工矿用地规模为7564.00hm²。依据《山东省建设用地集约利用控制标准》，沂源县属于山区，故规划目标年沂源县农村居民点人均用地标准为0.008hm²/人，规划目标年沂源县农村居民点规模为1942.24hm²。规划基期年，沂源县交通水利用地以及其他建设用地之和为1857.57hm²，依据《沂源县土地利用总体规划（2006—2020年）》《沂源县水利发展"十三五"规划》《沂源县干线公路网规划（2017—2030）》《沂源县生态旅游发展整合提升"十三五"规划》等规划，规划期间，沂源县重点项目建设增加交通水利用地以及其他建设用地总规模为626.01hm²，综上所述，规划目标年人口发展目标任务建设用地需求规模为11989.82hm²。

3.基于经济发展目标任务与人口发展目标任务的需求规模核算

在计算沂源县规划目标年经济发展目标任务与人口发展目标任务规模保障需求的基础上，采用公式3.13—3.15，参照翟腾腾、黄常锋等人的研究成果，取 α=0.05，β=0.3，γ=0.1，用Lingo11.0软件计算得到沂源县规划目标年经济发展目标任务与人口发展目标任务所需耕地、园地、林地、草地、水域、建设用地规模，如表4.6所示。

表4.6 沂源县规划目标年经济发展目标与人口发展目标任务需求规模

单位：hm²

用地类型	规模最大值	规模最小值	需求规模
耕地	27846.78	27773.49	27810.11
园地	14318.49	10385.19	12194.27
林地	9327.41	3957.46	6075.59
草地	12299.15	9270.85	10678.18
水域	1287.40	1177.85	1231.41
建设用地	12073.27	12145.08	12109.12

由表4.6可知，规划目标年沂源县社会经济发展目标任务所需耕地、园地、林地、草地、水域、建设用地规模分别为27810.11hm²、12194.27hm²、6075.59hm²、10678.18hm²、1231.41hm²、12109.12hm²。

4.社会经济发展承载规模核算

至规划目标年，沂源县生态保护红线规模为41408.56hm²，其中，占用园地规模3542.43hm²，占用林地规模24398.23hm²，占用草地规模12759.20hm²，占用水域规模708.70hm²（其中占用河流水面规模588.73hm²，占用水库水面规模119.97hm²），生态保护红线规模不计入社会经济发展承载规模。规划基期年，沂源县生态文明视角下"多规合一"土地利用现状分类如表4.7所示。因其他草地对区域畜牧业发展需求以及人类畜牧产品需求具有承载作用，本研究将其他草地纳入草地承载规模。

表4.7 沂源县规划基期年土地利用现状数据

单位：hm²

用地类型	规模	用地类型	规模
耕地	30484.08	公路用地	1415.01
园地	43659.76	机场用地	0.00
林地	36748.03	港口码头用地	0.00
草地	21264.92	管道运输用地	0.00
沟渠	39.60	水工建筑用地	76.94
农村道路	1902.56	风景名胜设施用地	158.13
坑塘水面	192.80	特殊用地	80.80
设施农用地	268.40	水库水面	1247.63
田坎	9390.13	河流水面	2845.89
城市	0.00	湖泊水面	0.00
建制镇	2682.05	内陆滩涂	87.15
村庄	8619.64	沿海滩涂	0.00
采矿用地	574.16	自然保留地	1762.53
铁路用地	126.69	总计	163626.91

通过梳理《沂源县土地利用总体规划（2006—2020年）》《沂源县水利发展"十三五"规划》《沂源县干线公路网规划（2017—2030）》《沂源县生态旅游发展整合提升"十三五"规划》等土地利用计划，整理沂源县规划期内重点建设项目如表4.8，图4.18所示。

表4.8　沂源县"十三五"规划期重点建设项目统计表

单位：hm²

项目类型	项目编号	项目名称	建设年限	规模	是否占用生态保护红线
能源	1	国风风电项目	2016—2020	1.06	否
	2	华电风电项目	2016—2020	1.32	否
	3	华润风电二期项目	2016—2020	0.81	否
	4	华润风电一期项目	2016—2020	1.81	否
	5	拓普威风电项目	2016—2020	2.10	是
	6	徐家庄风场	2017—	1.17	是
	7	三峡新能源沂源光伏	2017—	0.36	否
	8	暖阳光伏	2017—	0.21	否
交通	9	G341胶海线沂源县张良至高庄段改建项目	2015—2020	96.41	是
	10	博沂路黄家峪段改建项目	2015—2020	7.47	是
	11	埠岭路建设项目	2015—2020	2.70	否
	12	崇山路建设项目	2015—2020	15.53	否
	13	高庄路	2015—2020	1.67	否
	14	华山路	2015—2020	1.88	否

项目类型	项目编号	项目名称	建设年限	规模	是否占用生态保护红线
交通	15	南崔路改建项目	2015—2020	34.44	是
	16	南麻大街南延	2015—2020	8.04	否
	17	人民路改扩建项目	2015—2020	34.06	是
	18	儒林河西路	2015—2020	1.55	是
	19	瑞阳路北延建设项目	2015—2020	1.00	否
	20	三峨路改扩建项目	2015—2020	3.27	是
	21	三九路改建项目	2015—2020	10.73	否
	22	石龙路	2015—2020	1.75	否
	23	石香路改扩建项目	2015—2020	52.38	是
	24	祥源路建设项目	2015—2020	7.37	否
	25	学前路建设项目	2015—2020	0.93	否
	26	沂河一路	2015—2020	3.20	否
	27	饮马河东路	2015—2020	1.24	否
	28	饮马河西路	2015—2020	5.92	否
	29	沾化至临淄高速南延至临沂	2015—2020	383.86	是
	30	赵中路	2015—2020	1.60	否
	31	振兴西路西延	2015—2020	6.64	是
水利	32	南鲁山镇三岔水厂	2015—2020	4.92	否
电力	33	供电公司110千伏东安变电站	2015—2020	0.42	否

项目类型	项目编号	项目名称	建设年限	规模	是否占用生态保护红线
电力	34	供电公司 110 千伏苗山变电站	2015—2020	0.41	否
	35	供电公司 110 千伏燕崖变电站	2015—2020	0.39	否
	36	供电公司 220 千伏西里变电站	2015—2020	1.47	否
	37	供电公司 35 千伏黎明变电站	2015—2020	0.11	否
	38	供电公司 35 千伏流水变电站	2015—2020	0.09	否
	39	供电公司 35 千伏紫荆变电站	2015—2020	0.31	否
	40	供电公司 220 千伏沟泉变电站	2015—2020	0.13	否
	41	供电公司 110 千伏消水变电站	2015—2020	0.21	否
	42	供电公司 110 千伏古泉变电站	2015—2020	0.04	否
	43	供电公司 110 千伏涝坡变电站	2015—2020	0.21	否
	44	供电公司 110 千伏霞峰变电站	2015—2020	0.11	否
	45	供电公司 110 千伏付家变电站	2015—2020	0.02	否

续表

项目类型	项目编号	项目名称	建设年限	规模	是否占用生态保护红线
交通	46	供电公司 110 千伏耿庄变电站	2015—2020	0.02	否
	47	供电公司 110 千伏唐庄变电站	2015—2020	0.35	是
	48	供电公司 110 千伏毫山变电站	2015—2020	0.04	否
	49	供电公司 35 千伏刘家变电站	2015—2020	0.03	否
	50	供电公司 35 千伏北刘变电站	2015—2020	0.22	是
水利	51	东里镇九鼎莲花山旅游开发项目	2015—2020	0.93	是
	52	牛郎织女风景旅游基础设施建设项目	2015—2020	16.35	是
	53	天湖旅游综合开发项目	2015—2020	21.00	是
	54	燕崖镇双马山旅游综合开发项目	2015—2020	1.40	是
其他	55	高速公路服务区项目	2015—2020	8.96	是
合计				750.61	

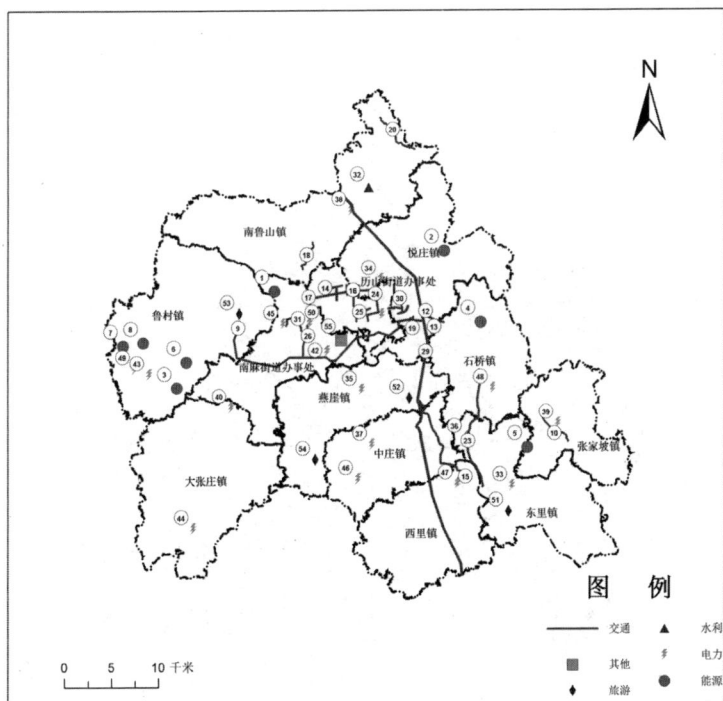

图4.18　沂源县重点项目示意图

通过梳理《沂源县土地整治规划（2016—2020年）》，
"十三五"规划期间，沂源县土地整理项目、土地开发项
目、土地复垦项目如图4.19—4.21所示。

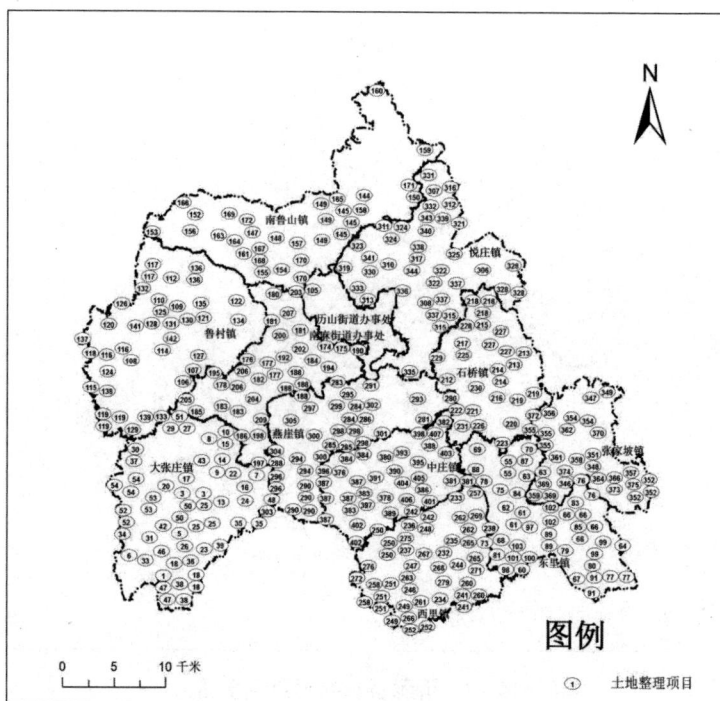

图4.19 沂源县"十三五"规划期土地整理项目位置示意图

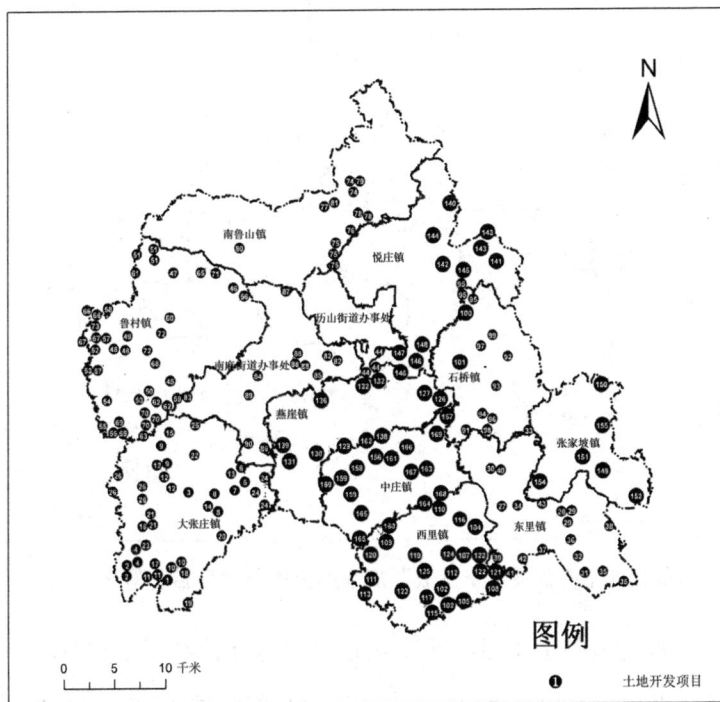

图4.20　沂源县"十三五"规划期土地开发项目位置示意图

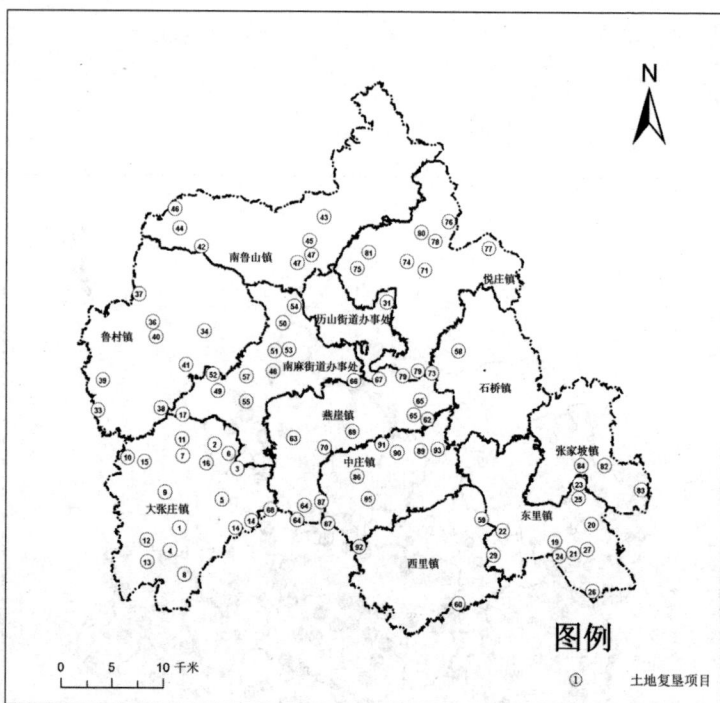

图4.21 沂源县"十三五"规划期土地复垦项目位置示意图

将土地整治项目、重点项目与生态保护红线叠加分析，规划期内，土地整治项目未与生态保护红线发生冲突，但部分重点项目与生态保护红线发生冲突，导致冲突的原因主要有以下三点：①由于规划编制时限差异等方面原因，生态保护红线规划编制与各部门规划重点建设项目立项之间缺少衔接。②各部门制定土地利用计划时，未充分考虑生态保护红线的约束作用。③部分重点项目因建设需要，项目选址确需占用部分生态保护红线。

通过走访沂源县重点建设项目立项相关负责部门，与生态保护红线发生冲突的重点建设项目为国家重点基础设施以及重大民生保障项目，确实无法避让生态保护红线，因此建议重点建设项目拟占用生态保护红线部分原则上按原计划施行，并且结合沂源县实际状况以等面积、高生态服务价值用地类型来补充被占用部分生态保护红线。部分生态保护红线与重点建设项目冲突示意图如图4.22－4.23所示。

综合分析"十三五"规划期间沂源县重点建设项目开展以及土地整治计划，"多规"计划开展建设项目占用耕地规模187.71hm^2，其中道路建设项目161.27hm^2，该部分被占用耕地将调整为公路用地；旅游建设项目18.61hm^2，该部分被占用耕地将调整为风景名胜设施用地；电力、能源、水利建设项目7.83hm^2，该部分被占用耕地将调整为建制镇，此外，土地整治项目开展计划补充耕地规模1213.59hm^2，其中农村居民点整理将补充耕地规模200.39hm^2，裸地开发将补充耕地规模89.04hm^2，草地开发将补充耕地规模802.66hm^2（经土地整治项目与生态保护红线叠加分析，该部分草地未与生态保护红线发生冲突），采矿用地复垦将补充耕地规模121.49hm^2，故至"十三五"规划期末沂源县耕地社会经济承载规模将达到31509.96hm^2。

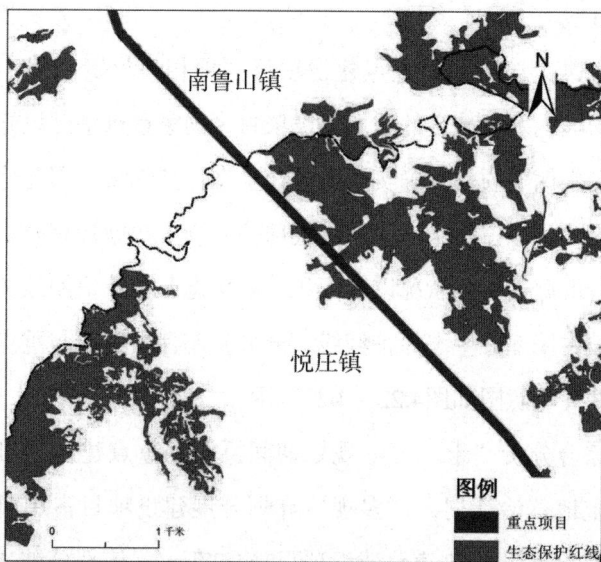

图4.22 沂源县部分重点项目与生态保护红线冲突示意图

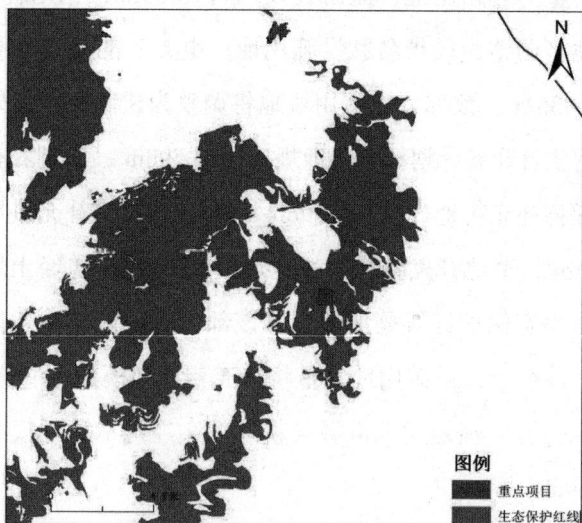

图4.23 沂源县部分重点项目与生态保护红线冲突示意图

规划期间，"多规"计划开展建设项目占用园地规模224.82hm²（经重点项目与生态保护红线叠加分析，建设项目占用生态保护红线内园地规模为26.89hm²），其中道路建设项目217.29hm²（经重点项目与生态保护红线叠加分析，道路建设项目占用生态保护红线内园地规模为24.12hm²），该部分被占用园地将调整为公路用地；旅游建设项目4.39hm²（经重点项目与生态保护红线叠加分析，旅游建设项目占用生态保护红线内园地规模为2.77hm²），该部分被占用园地将调整为风景名胜设施用地；电力、能源、水利、其他建设项目3.14hm²，该部分被占用园地将调整为建制镇，抛出生态保护红线占用园地规模3542.43hm²，故至"十三五"规划期末沂源县园地社会经济承载规模将达到39919.40hm²。

规划期间，"多规"计划开展建设项目占用林地规模89.83hm²（经重点项目与生态保护红线叠加分析，建设项目占用生态保护红线内林地规模为36.73hm²），其中道路建设项目83.99hm²（经重点项目与生态保护红线叠加分析，道路建设项目占用生态保护红线内林地规模为34.83hm²），该部分被占用林地将调整为公路用地；旅游建设项目2.44hm²（经重点项目与生态保护红线叠加分析，旅游建设项目占用生态保护红线内林地规模为0.78hm²），该部分被占用林地将调整为风景名胜设施用地；电力、能源、水利建设项目3.40hm²（经重点项目与生态保护红线叠加分析，电力、能源、水利建设项目占用生态保护红线内林地规模为1.12hm²），该部分被占用林地将调整为建制镇，抛出生态保护红线占用林地规模24398.23hm²，故至"十三五"规划期末沂源县林地社会经济承载规模将达到12296.70hm²。

规划期间，"多规"计划开展建设项目占用草地规模50.17hm²（经重点项目与生态保护红线叠加分析，建设项目占用生态保护红线内草地规模为25.66hm²），其中道路建设项目45.70hm²（经重点项目与生态保护红线叠加分析，道路建设项目占用生态保护红线内草地规模为22.26hm²），该部分被占用草地将调整为公路用地；旅游建设项目1.22hm²（经重点项目与生态保护红线叠加分析，旅游建设项目占用生态保护红线内草地规模为1.22hm²），该部分被占用草地将调整为风景名胜设施用地；电力、能源建设项目3.25hm²（经重点项目与生态保护红线叠加分析，电力、能源建设项目占用生态保护红线内草地规模为2.18hm²），该部分被占用草地将调整为建制镇，并且草地开发补充耕地将减少草地规模802.66hm²，抛出生态保护红线占用草地规模12759.20hm²，故至"十三五"规划期末沂源县草地社会经济承载规模将达到7678.55hm²。

规划期间，"多规"计划开展建设项目（道路建设项目）占用沟渠规模0.12hm²，经核实，占用该部分沟渠将产生道路与沟渠交叉且道路位于沟渠上部的状况，按照"线状地物交叉时，上部线状地物保持连续性"原则，该部分沟渠将调整为公路用地，故至"十三五"规划期末沂源县沟渠社会经济承载规模将达到39.48hm^2。

规划期间，"多规"计划开展建设项目占用农村道路规模14.90hm^2，其中道路建设项目14.22hm^2，用于县级级别以上道路的扩建与延伸，经核实，道路建设项目占用农村道路将产生公路用地与农村道路交叉的状况，本研究按照"区域不同等级道路交叉时，交叉处以高等级道路连续、低等级道路断开"的原则，该部分被占用农村道路将调整为公路用地；旅游建设项目0.50hm^2，该部分被占用农村道路将调整为风景名胜设施用地；电力、能源、水利建设项目0.18hm^2，该部分被占用农村道路将调整为建制镇，故至"十三五"规划期末沂源县农村道路社会经济承载规模将达到1887.66hm^2。

规划期间，"多规"计划开展建设项目占用坑塘水面规模0.30hm^2，其中道路建设项目0.23hm^2，该部分被占用坑塘水面将调整为公路用地；旅游建设项目0.07hm^2，该部分被占用坑塘水面将调整为风景名胜设施用地，故至"十三五"规划期末沂源县坑塘水面承载规模将达到192.50hm^2。

规划期间，"多规"计划开展建设项目占用设施农用地规模1.24hm^2，其中道路建设项目1.16hm^2，该部分被占用设施农用地将调整为公路用地；旅游建设项目0.08hm^2，该部分被占用设施农用地将调整为风景名胜设施用地，故至"十三五"规划期末沂源县设施农用地承载规模将达到

267.16hm^2。

规划期间，"多规"计划开展建设项目占用建制镇规模11.51hm^2，其中道路建设项目11.16hm^2，该部分被占用建制镇将调整为公路用地；电力建设项目0.35hm^2，但该部分建设项目为建制镇内部内涵挖潜，不产生地类间转换，并且"多规"计划开展各类建设项目增加建制镇规模17.93hm^2，故至"十三五"规划期末沂源县建制镇承载规模将达到2688.82hm^2。

规划期间，"多规"计划开展建设项目占用农村居民点规模43.50hm^2，其中道路建设项目40.53hm^2，该部分被占用农村居民点将调整为公路用地；旅游建设项目2.84hm^2，该部分被占用农村居民点将调整为风景名胜设施用地；电力建设项目0.13hm^2，该部分被占用农村居民点将调整为建制镇，并且农村居民点整理补充耕地将减少农村居民点规模200.39hm^2，故至"十三五"规划期末沂源县农村居民点承载规模将达到8375.75hm^2。

规划期间，"多规"计划开展建设项目（道路建设项目）占用采矿用地规模0.74hm^2，该部分采矿用地将调整为公路用地，并且采矿用地复垦补充耕地将减少采矿用地规模121.49hm^2，故至"十三五"规划期末沂源县采矿用地承载规模将达到451.93hm^2。

规划期间，"多规"计划开展建设项目（道路建设项目）占用铁路用地规模0.78hm^2，经核实，占用该部分铁路用地将产生铁路用地与公路用地交叉的状况，本研究按照"区域不同等级道路交叉时，交叉处以高等级道路连续、低等级道路断开"的原则，故被占用部分铁路用地将不做地类间调整，故至"十三五"规划期末沂源县铁路用地规模将达到126.96hm^2。

规划期间，"多规"计划开展建设项目（道路建设项目）占用公路用地规模79.68hm^2，经核实，占用该部分公路用地将产生公路用地之间的交叉状况或原公路用地的原址翻新，故该占用部分公路用地将不做地类间调整，此外，"多规"计划开展建设项目增加公路用地规模593.15hm^2，故至"十三五"规划期末沂源县公路用地承载规模将达到2008.16hm^2。

规划期间，"多规"计划开展建设项目（道路建设项目）占用水工建筑用地规模0.09hm^2，该部分水工建筑用地将调整为公路用地，故至"十三五"规划期末沂源县水工建筑用地承载规模将达到76.85hm^2。

规划期间，"多规"计划开展建设项目占用风景名胜设施用地规模5.89hm^2，其中道路建设项目0.41hm^2，该部分被占用风景名胜设施用地将调整为公路用地；旅游建设项目5.48hm^2，但该部分风景名胜设施用地为为提高旅游业服务质量而进行的原址翻新，不产生地类间转换，并且"多规"计划开展旅游建设项目增加风景名胜设施用地规模33.56hm²,故至"十三五"规划期末沂源县风景名胜设施用地承载规模将达到191.28hm²。

规划期间,"多规"计划开展建设项目占用水库水面规模2.93hm²(经重点项目与生态保护红线叠加分析,建设项目未与生态保护红线冲突),其中,道路建设项目0.24hm²,经核实,被占用部分水库水面将产生道路与水库水面交叉且道路位于水库水面上部的状况,本研究参照"线状地物交叉时,上部线状地物保持连续性"原则,该部分水库水面将调整为公路用地;旅游建设项目2.69hm²,该部分水库水面将调整为风景名胜设施用地,并且抛出生态保护红线占用水库水面规模119.97hm²,故至"十三五"规划期末沂源县水库水面承载规模将达到1124.73hm²。

规划期间,"多规"计划开展建设项目占用河流水面规模23.14hm²(经重点项目与生态保护红线叠加分析,建设项目占用生态保护红线内河流水面规模为7.14hm²),其中,道路建设项目22.37hm²(经重点项目与生态保护红线叠加分析,道路建设项目占用生态保护红线内河流水面规模为6.57hm²),经核实,占用该部分河流水面将产生道路与河流水面交叉且道路位于河流水面上部的状况,对于未与生态保护红线冲突的部分,本研究参照"线状地物交叉时,上部线状地物保持连续性"原则,将未与生态保护红线冲突的河流水面调整为公路用地，对于与生态保护红线冲突的部分，本研究参照"保持生态廊道的连通性，合理划定生态保护红线"以及本研究确定的生态优先原则，本研究按照"线状地物交叉时，上部线状地物保持连续性"原则，将该部分河流水面不做地类调整；旅游建设项目0.72hm²（经重点项目与生态保护红线叠加分析，旅游建设项目占用生态保护红线内河流水面规模为0.58hm²），该部分河流水面将调整为风景名胜设施用地，抛出生态保护红线占用河流水面规模588.73hm²，故至"十三五"规划期末沂源县河流水面承载规模将达到2240.44hm²。

规划期间，土地整治计划开发裸地89.04hm²用以补充耕地，故至"十三五"规划期末沂源县自然保留地承载规模将达到1673.49hm²，其他未涉及土地利用变化地类规划期末规模即为规划基期年规模。规划目标年，扣除规划期内重点项目占用生态保护红线规模，生态保护红线规模为41319.28hm²。沂源县生态文明视角下"多规合一"社会经济发展用地规模数据如表4.9所示。

表4.9沂源县规划目标年社会经济发展用地数据

单位：hm²

用地类型	规模	用地类型	规模
耕地	31509.96	公路用地	2007.96
园地	39919.40	机场用地	0.00

用地类型	规模	用地类型	规模
林地	12296.70	港口码头用地	0.00
草地	7678.55	管道运输用地	0.00
沟渠	39.48	水工建筑用地	76.85
农村道路	1887.66	风景名胜设施用地	191.28
坑塘水面	192.50	特殊用地	80.80
设施农用地	267.16	水库水面	1124.73
田坎	9390.13	河流水面	2240.44
城市	0.00	湖泊水面	0.00
建制镇	2688.82	内陆滩涂	87.15
村庄	8375.75	沿海滩涂	0.00
采矿用地	451.93	自然保留地	1673.49
铁路用地	126.69	总计	163626.91

5.社会经济发展用地规模确定

（1）生态服务价值均衡因子、生态服务价值调整因子以及生态服务价值综合因子确定

传统生态足迹法以具有生物生产力的生态生产性土地作为基本评价指标，其所指的生态生产性土地可以看作不同用地类型的"生物生产能力+面积"。随着生态文明理念深入人心，土地的多种生态服务价值逐渐受到关注。土地作为一个完

整并且开放的生态系统，具有多种生态服务价值，并且这种生态服务价值具有正外部效益，故基于土地生态服务价值的土地供需平衡分析更有意义。

为便于比较、汇总，传统生态足迹法采用均衡因子反映不同用地类型生物生产能力的差异，采用产量因子反映不同区域同种用地类型生物生产能力的差异。本研究借鉴传统生态足迹法思路，从土地生态系统提供生态服务价值出发，采用生态服务价值均衡因子反映不同用地类型生态服务价值的差异，采用生态服务价值调整因子反映不同区域同种用地类型生态服务价值的差异。

沂源县生态服务价值均衡因子依据谢高地等学者于2007年制定的"中国生态系统服务价值当量因子表"（谢高地等，2008）确定，生态服务价值调整因子依据"山东省生态系统单位面积生态服务价值"（王艳，2006）与"中国生态系统单位面积生态服务价值"（谢高地等，2008）确定，生态服务价值调整因子为区域单位面积不同用地类型生态服务价值与全国相应用地类型单位面积生态服务价值的比值。生态文明视角下"多规合一"用地类型与中国生态系统类型的对应关系如下：耕地与农田对应、林地与森林对应、草地直接对应、水域与水体对应、建设用地与未利用地对应、园地取林地与草地的平均值（王璐等，2009；彭文甫等，2011）。经计算，沂源县耕地、园地、林地、草地、水域、建设用地生态服务价值均衡因子分别为7.90、19.90、28.12、11.67、45.35、1.39,生态服务价值调整因子分别为0.64、0.23、0.26、0.15、0.61、0.22,生态服务价值综合因子分别为5.06、4.58、7.31、1.75、27.66、0.31。

(2)规划目标年社会经济发展目标任务生态足迹核算

将耕地、园地、林地、草地、水域、建设用地社会经济发展目标任务需求规模、生态服务价值均衡因子以及生态服务价值调整因子代入公式3.16,得出沂源县规划目标年社会经济发展目标任务产生的生态足迹,结果如表4.10所示。

由表4.10可知,规划目标年沂源县社会经济发展目标任务实现所需土地资源总量为70098.68hm^2,社会经济发展目标任务产生的生态足迹总量为297482.93hm^2。从生态足迹需求结构来看,耕地生态足迹最大,占到生态足迹总量的47.30%。

表4.10　沂源县规划目标年社会经济发展目标任务生态足迹构成

单位:hm^2

用地类型	需求规模	生态足迹
耕地	27810.11	140719.16
园地	12194.27	55849.76
林地	6075.59	44412.56
草地	10678.18	18686.82
水域	1231.41	34060.80
建设用地	12109.12	3753.83
总计	70098.68	297482.93

（3）规划目标年社会经济发展目标任务生态承载力核算

将沂源县规划目标年耕地、园地、林地、草地、水域、建设用地预测面积、生态服务价值均衡因子以及生态服务价值调整因子代入公式3.17，得出规划目标年沂源县社会经济发展目标任务生态承载力，与生态足迹比较可知沂源县规划目标年生态承载状态，结果如表4.11所示。

表4.11　沂源县规划目标年生态承载力计算结果

单位：hm^2

用地类型	生态足迹	预测规模	生态承载力	生态赤字 / 生态盈余
耕地	140719.16	31509.96	159440.40	18721.24
园地	55849.76	39919.40	182830.85	126981.09
林地	44412.56	12296.70	89888.88	45476.32
草地	18686.82	7678.55	13437.46	−5249.36
水域	34060.80	3684.30	101907.74	67846.94
建设用地	3753.83	14000.08	4340.02	586.19
总计	297482.93	109088.99	551845.15	254362.22

由表4.11可知，沂源县规划目标年生态承载整体处于生态盈余状态。分地类来看，耕地、园地、林地、水域、建设用地处于生态盈余状态，草地处于生态赤字状态。

（4）规划目标年社会经济发展用地规模确定及校验

沂源县规划目标年社会经济发展用地规模确定以生态平衡为标准。由表4.11可知，规划目标年，耕地、园地、林地、水域、建设用地在支撑沂源县社会经济发展目标任务实现的同时，出现生态盈余，草地规模不能支撑生态文明视角下"多规合一"社会经济发展目标任务的实现，出现生态赤字，故建议将其他用地类型向草地调整。

生态文明视角下"多规合一"社会经济发展用地规模调整，除要维持区域生态平衡，还要促进区域整体生态服务价值最大化呈现，即将区域出现生态盈余且单位面积生态服务价值（生态服务价值综合因子反映）由低到高的用地类型依次补充出现生态赤字且单位面积生态服务价值（生态服务价值综合因子反映）由高到低的用地类型。通过分析耕地、园地、林地、草地、水域以及建设用地的生态服务价值综合因子，为促进区域整体生态服务价值最大化呈现，建设用地应优先调减补充草地，经计算，建设用地可调减1890.96hm^2，此时，草地承载规模可达到9569.51hm^2，为保证草地社会经济发展目标任务规模承载力，在建设用地调减依然不能满足社会经济发展目标任务的同时，根据不同用地类型生态服务价值综合因子，园地应适当向草地调减，经计算，调减规模应为1108.67hm^2，此时，草地达到生态平衡。

综上所述，从保障区域社会经济发展目标任务角度来看，规划目标年沂源县耕地、园地、林地、草地、水域、建设用地合理配置规模分别为31509.56hm²、38810.73hm²、12296.70hm²、10678.18hm²、3684.30hm²、12109.12hm²。

此外，规划期内，因重点项目建设，规划基期年划定的生态保护红线将被占用102.54hm²，导致生态保护红线规模减少。按照生态文明视角下"多规合一"生态保护红线管制规则，生态保护红线减少需补充等面积、高生态服务价值的用地以确保生态保护红线生态服务价值的稳定发挥。从沂源县各用地类型生态服务价值综合因子来看，单位面积水域生态服务价值最高，且水域对沂源县社会经济发展目标任务的承载状态出现盈余，故建议将部分水域（102.54hm²）划入生态保护红线，保障区域生态安全。调整后，沂源县规划目标年生态承载状态如表4.12所示。

根据《沂源县土地利用总体规划（2006—2020年）》，至规划目标年，沂源县耕地保有量应达到28666.70hm²，基本农田保护规模应达到22933.36hm²，建设用地总规模应控制在14565.50hm²，城乡建设用地总规模应控制在11845.70hm²，城镇工矿用地总规模应控制在3956.70hm²。依据表4.12可知，规划目标年沂源县耕地可达到31509.96hm²，满足区域耕地保护相关任务，建设用地规模总量为12109.12hm²，城乡建设用地规模总量为11516.50hm²，城镇工矿用地规模总量为3140.75hm²，满足区域建设用地控制相关任务。

表4.12　沂源县规划目标年生态承载力计算结果

单位：hm^2

用地类型	生态足迹	预测规模	生态承载力	生态赤字/生态盈余
耕地	140719.16	31509.96	159440.40	18721.24
园地	55849.76	38810.73	177753.14	121903.38
林地	44412.56	12296.70	89888.88	45476.32
草地	18686.82	10678.18	18686.82	0.00
水域	34060.80	3581.76	99071.48	65010.68
建设用地	3753.83	12109.12	3753.83	0.00
总计	297482.93	108986.45	548594.54	251111.61

第三节　生态文明视角下"多规合一"空间管制分区统一配置结果

一、生态保护红线管制区确定

生态文明视角下的"多规合一"，应首先明确区域生态保护红线管制区，作为规划期间区域空间布局的前提约束条件。由于生态保护红线划定需要进行空间生态服务功能重要性以及生态敏感性识别，生态保护红线空间布局与生态保护红线规模确定可同步进行。沂源县生态保护红线划定结果见"1.生态文明视角下'多规合一'生态保护红线数量配置统一"部分，具体如图4.17所示。

二、"多规"差异分析及处理

"多规"空间冲突差异是导致"多规"打架的主要原因。生态文明视角下"多规合一"社会经济发展空间管制区划定要首先梳理"多规"空间冲突差异并对差异图斑进行调整处理。本研究基于ARCGIS平台，将原国土部门土地利用数据库（shp格式）与原规划部门城市总体规划数据库（dwg格式）统一至shp格式，进行叠加分析，得出沂源县规划基期年土地利用总体规划（图4.24）与城市总体规划（图4.25）间的空间差异冲突状况，如图4.26所示。

经对比分析，"两规"空间冲突差异情况如表4.13所示。

表4.13　沂源县"两规"对比分析表

对比类型	面积（hm^2）	图斑数（个）
城市总体规划建设范围	292.21	438
"两规"一致建设范围	2317.91	1936
土地利用总体规划建设范围	764.43	684

其中，沂源县城市总体规划建设用地范围内，土地利用总体规划非建设用地总规模292.21hm^2（图斑438个），耕地26.86hm^2（图斑3个），园地166.45hm^2（图斑265个），林地98.90hm^2（图斑170个）。

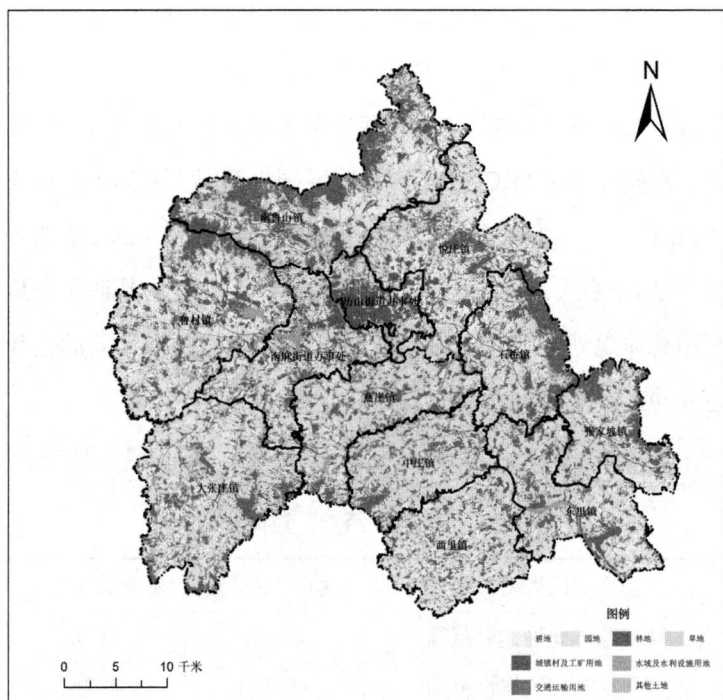

图4.24 沂源县土地利用现状图

图4.25 沂源县城市总体规划图

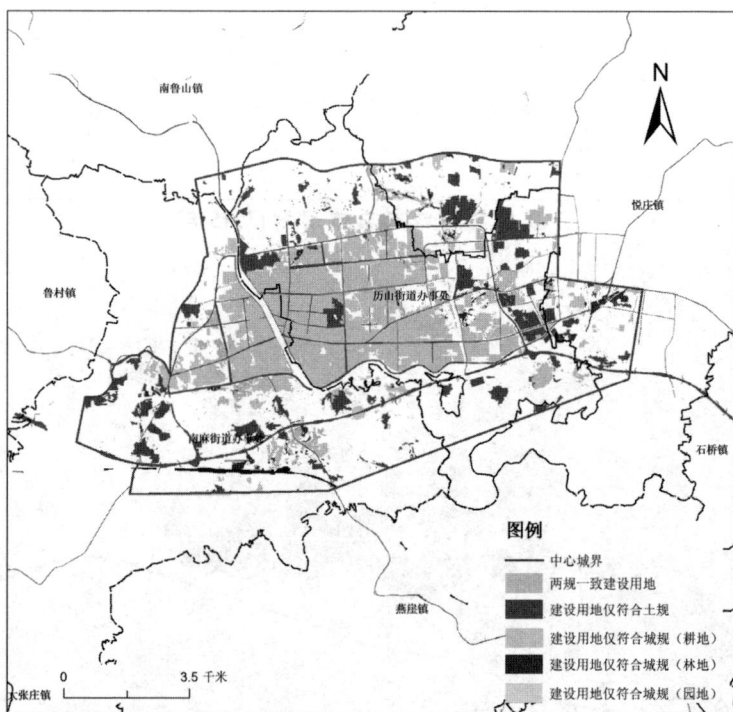

图4.26 沂源县"两规"差异对比分析图

通过内业与实地勘察相结合，将差异图斑进行梳理。城市总体规划建设用地范围内，土地利用总体规划认定为耕地的差异图斑为上图精度造成，因沂源县隶属山区，耕地图斑破碎，原规划部门在成图过程中将该部分耕地圈为建设用地，故该部分差异图斑应被归为耕地；城市总体规划建设用地范围内，被土地利用总体规划认定为园地、林地的差异图斑为绿地，鉴于从产业服务功能来看，绿地属于第三产业用地，原国土部门与原规划部门均倾向将绿地纳入建设用地范畴，故园地、林地差异图斑应被归为建设用地。

三、规划期重点建设项目及土地整治项目空间布局确定

生态文明视角下的"多规合一"要保障规划期内重点建设项目以及土地整治项目的落实。在划定生态文明视角下"多规合一"社会经济发展用地空间管制区前，应明确区域规划期内重点建设项目以及土地整治项目空间分布状况。"十三五"规划期内，沂源县重点建设项目以及土地整治项目空间布局见"4.2.2社会经济发展用地规模确定"部分，如图4.18—4.21所示。

四、耕地保护相关管制区划定

由前述可知，规划基期年，沂源县耕地规模为30484.08hm^2，至规划目标年，沂源县社会经济发展耕地需求规模为27810.11hm^2，耕地保有量指标为28666.70hm^2，基本农田保护指标22933.36hm^2，"多规"重点建设项目及土地整治项目安排下，耕地规模可达到31509.96hm^2。

以沂源县土地利用数据库（2015年）以及农用地分等定级数据库（2015年）为基础，首先基于生态文明视角下"多规合一"耕地保护综合评价指标体系，结合表"3.5生态文明视

角下'多规合一'耕地保护综合评价指标分值计算方法"以及
表"3.6部分指标赋值规则"对沂源县规划基期年现状耕地进
行耕地保护综合评价,沂源县"十三五"规划期耕地保护评价
单项指标评价结果如图4.27—4.41所示,耕地保护综合评价结
果如图4.42—4.44所示。然后依据评价结果、沂源县规划目标
年耕地保有量指标、基本农田保护指标、社会经济发展目标任
务耕地保障需求规模的相对关系,划定沂源县"十三五"规划
期生态文明视角下"多规合一"耕地保有量管制区、基本农田
管制区、社会经济发展耕地保障区。具体划定流程如下:依据
沂源县耕地质量及立地条件综合评价结果,结合耕地保护综合
评价分值,按照从高分值至低分值的顺序,依次从沂源县规划
基期年耕地中选取22933.36hm^2、27810.11hm^2、28666.70hm^{2}划
入基本农田管制区、社会经济发展耕地保障区、耕地保有量管
制区,将剩余部分耕地以及土地整治项目拟补充耕地划入耕地
弹性管制区。沂源县规划目标年耕地保护相关管制区如图4.45
所示。需要指出的是,根据《山东省耕地质量等级成果补充完
善技术细则》,沂源县属于泰鲁沂蒙尼山地丘陵区,耕地质量
评价中的参评因素有障碍层次、地形坡度、地表岩石露头状
况、有效土层厚度、表层土壤质地、土壤有机质含量、灌溉保
证率,生态文明视角下"多规合一"耕地保护综合评价中所需
的剖面构型指标缺失,本研究用障碍层次代替。

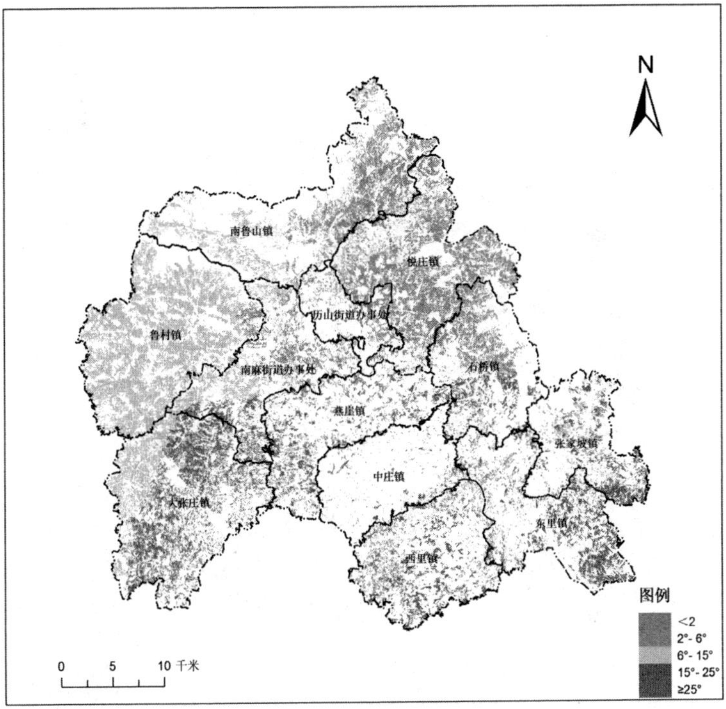

图4.27 坡度适宜性评价图

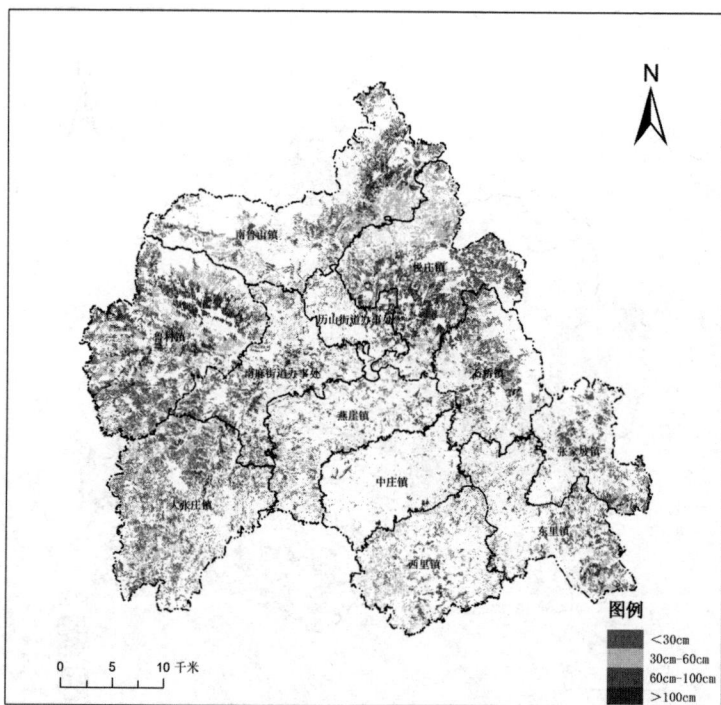

图4.28 有效土层厚度适宜性评价图

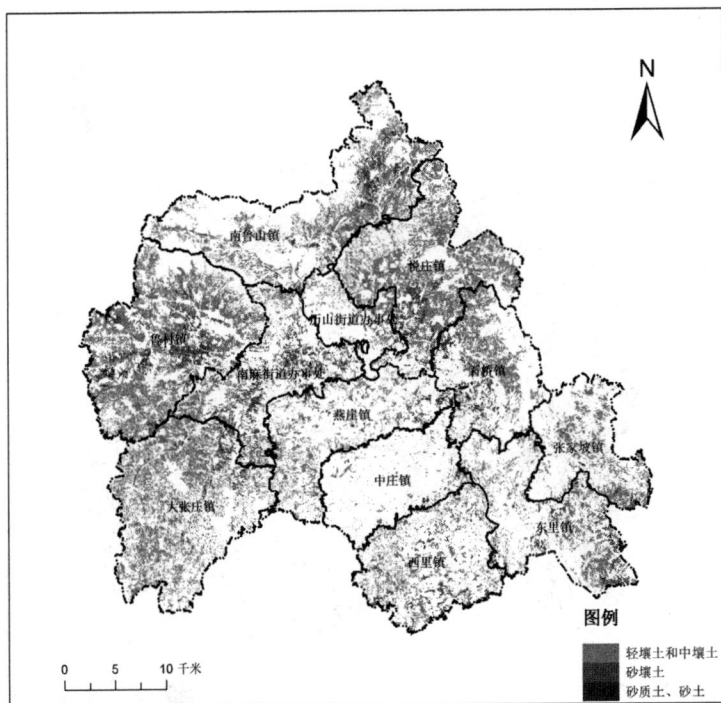

图4.29 表层土壤质地适宜性评价图

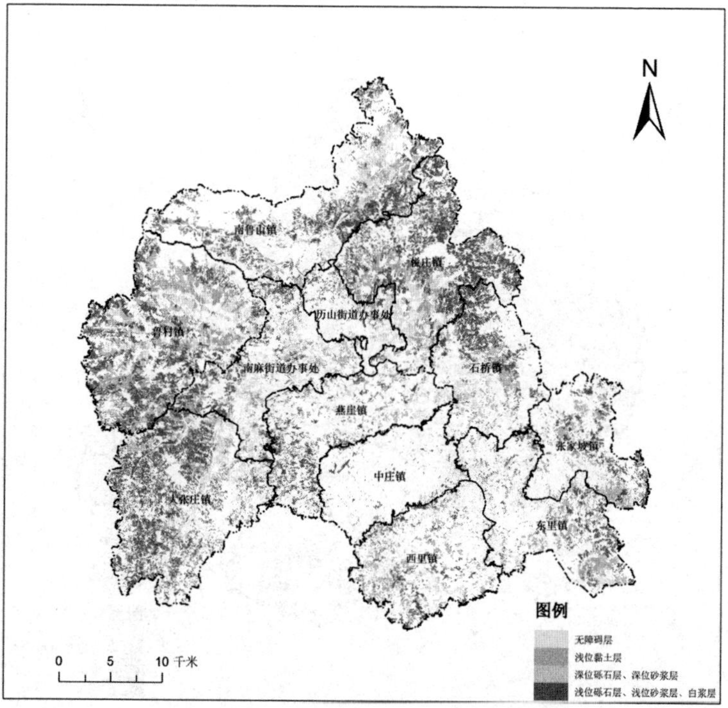

图4.30 障碍层次适宜性评价图

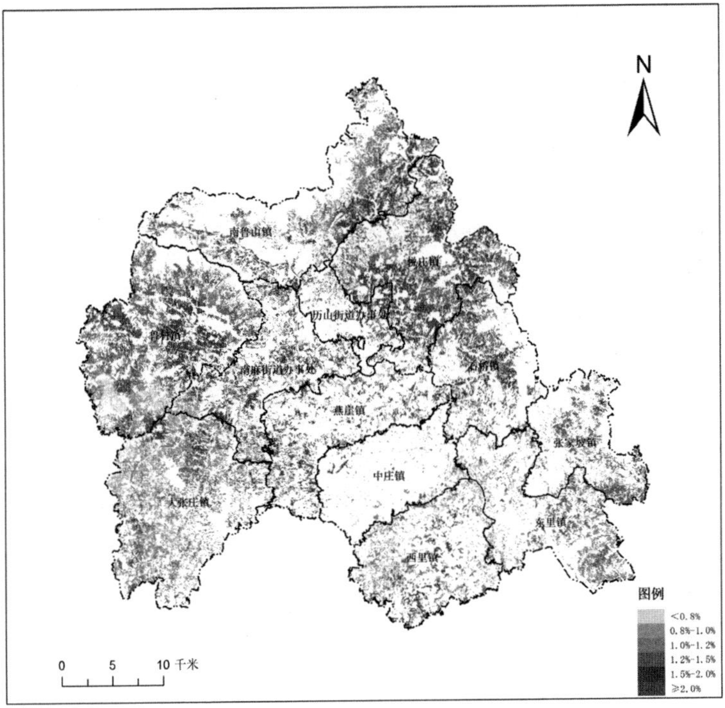

图4.31 有机质含量适宜性评价图

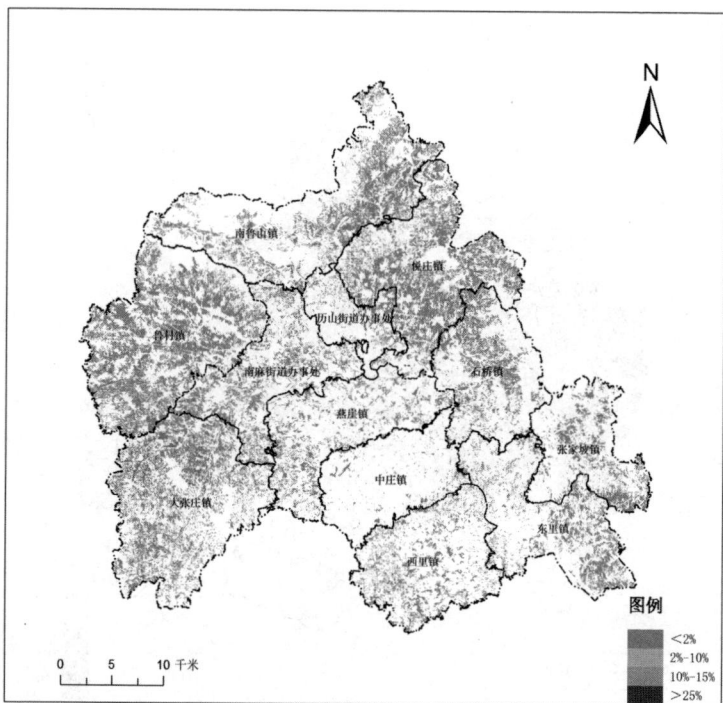

图 4.32　地表岩石裸露度适宜性评价图

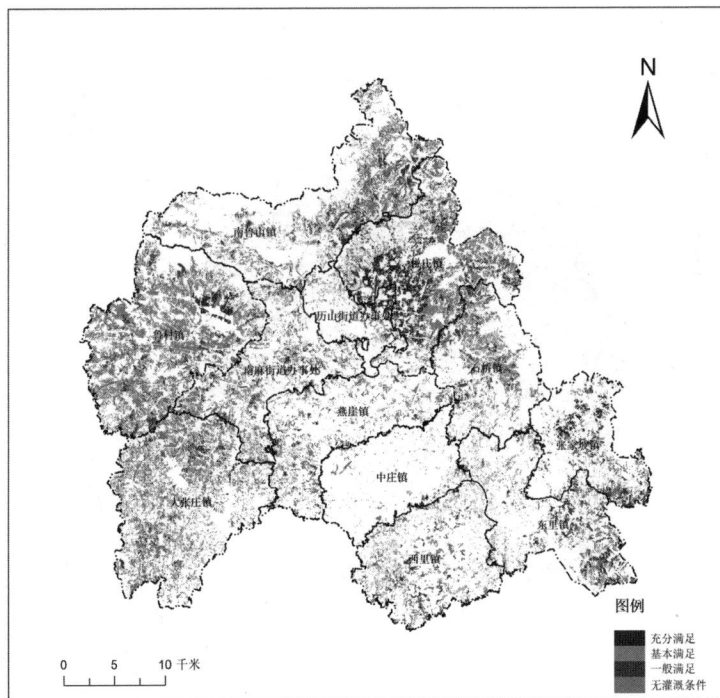

图4.33　灌溉保证率适宜性评价图

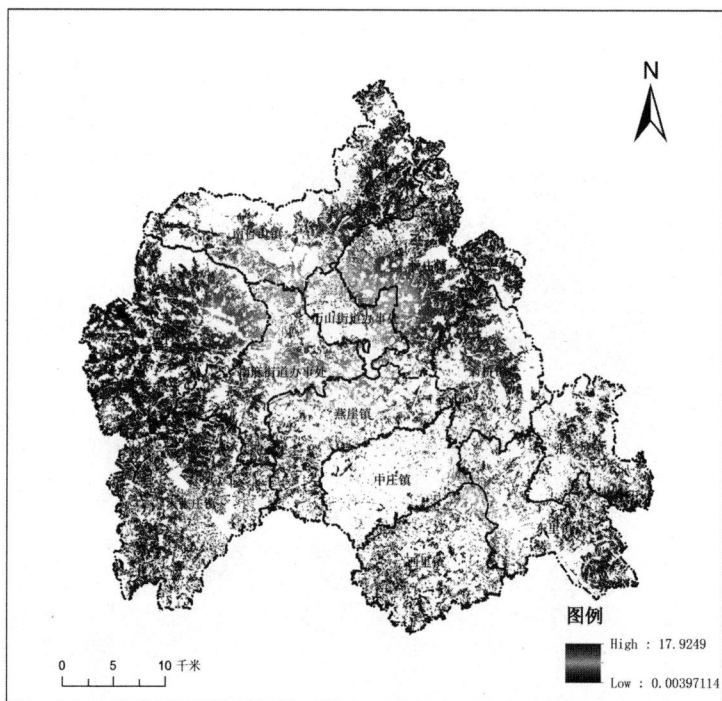

图4.34　中心城镇影响度适宜性评价图

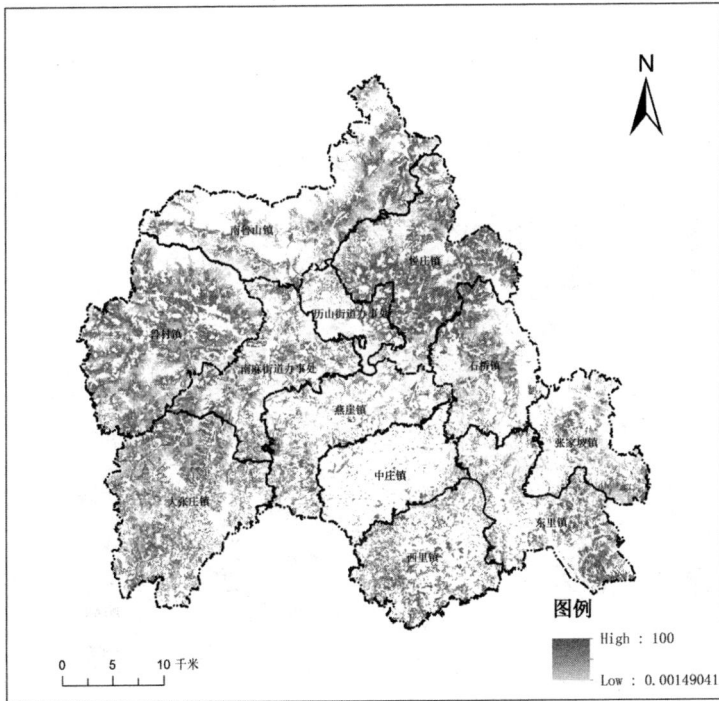

图4.35 耕作半径适宜性评价图

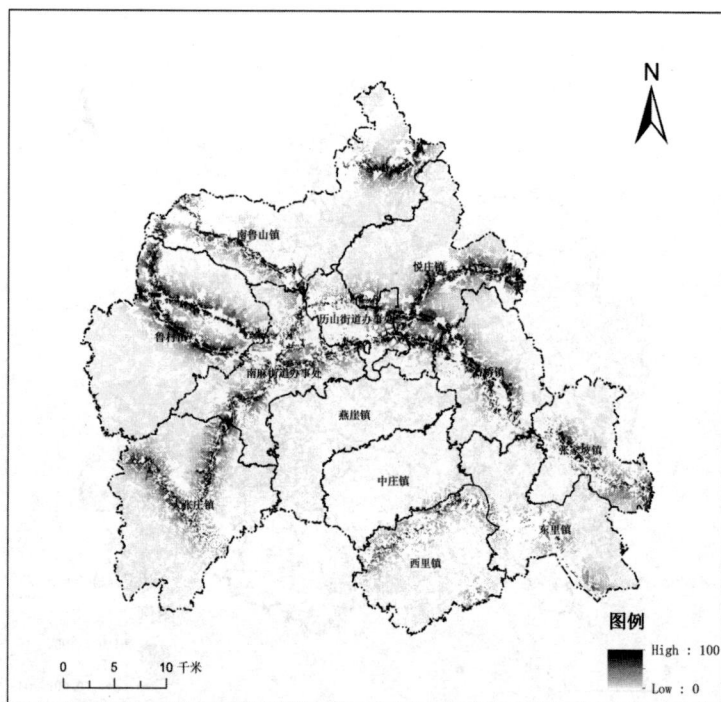

图4.36 距主干道距离适宜性评价图

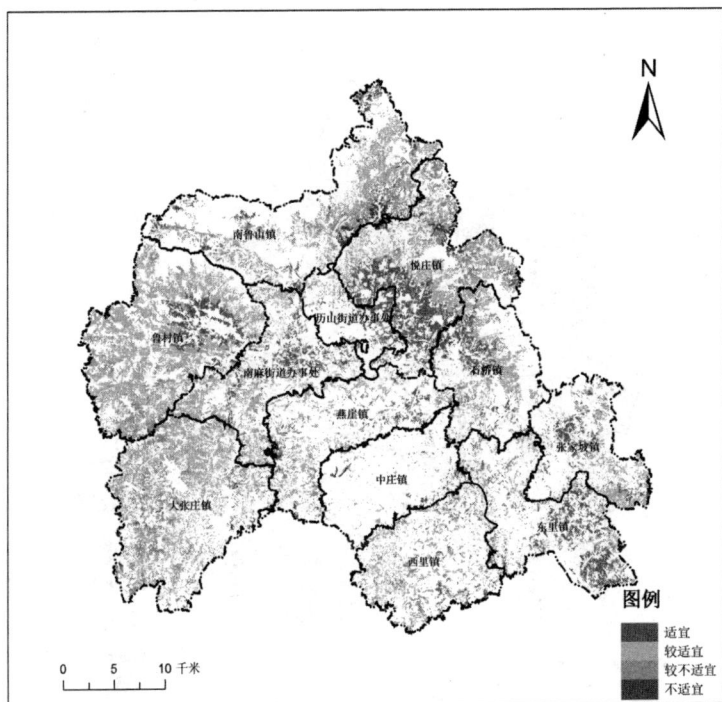

图4.37　高程适宜性评价图

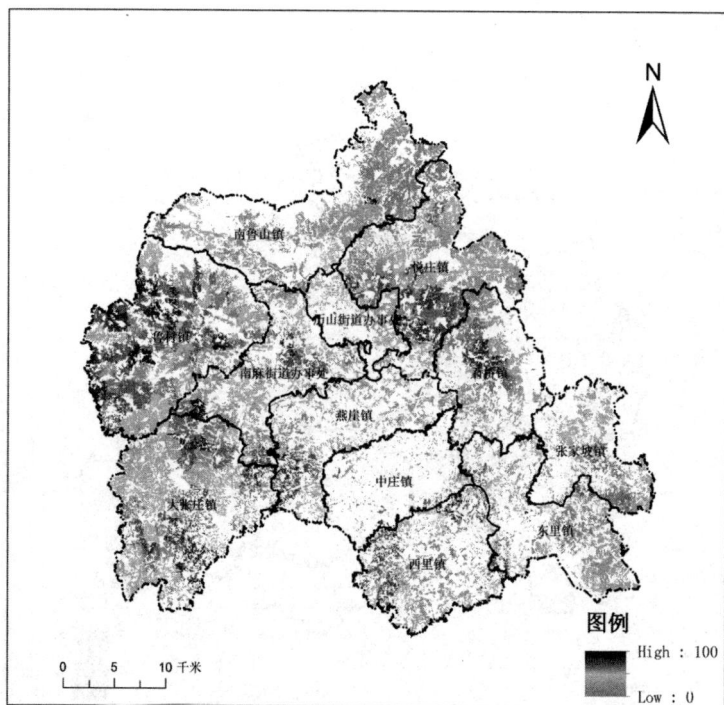

图4.38　路网密度适宜性评价图

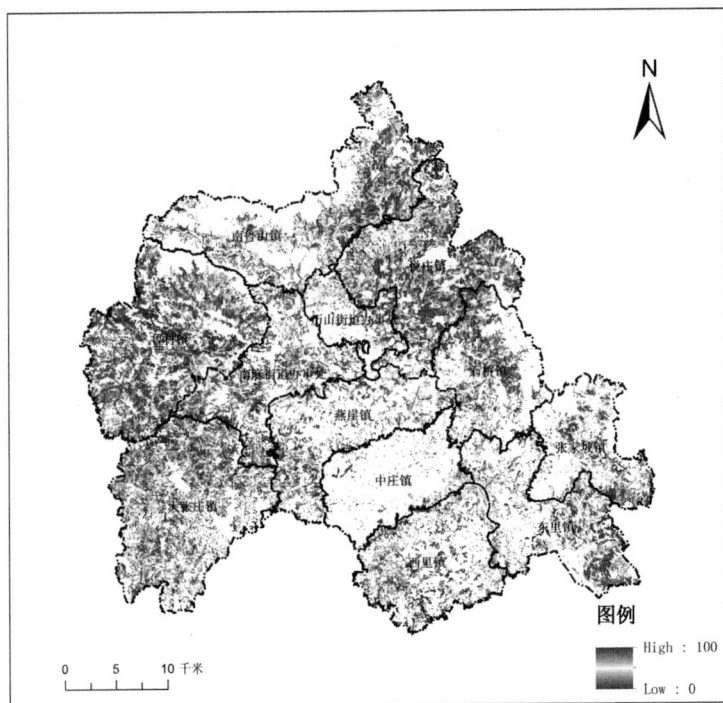

图4.39 到河流水系距离适宜性评价图

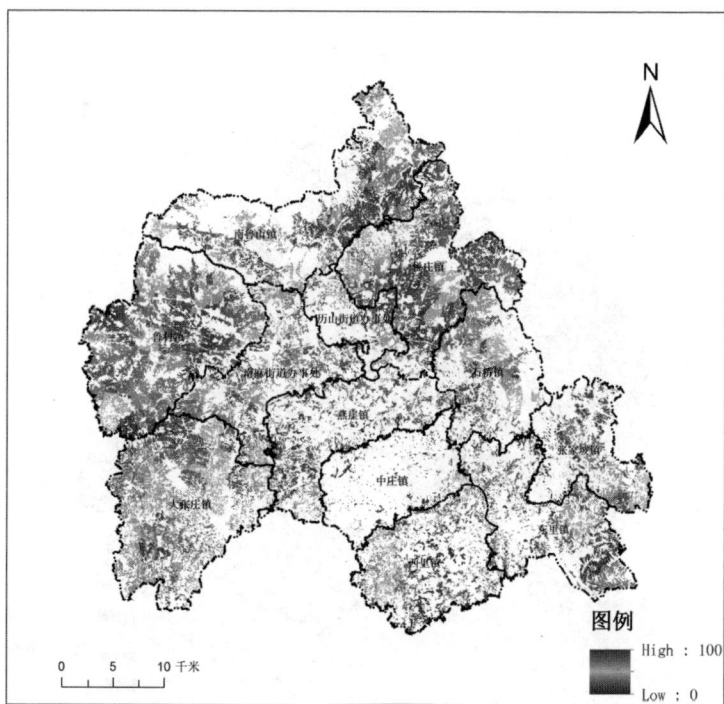

图4.40 耕地破碎度适宜性评价图

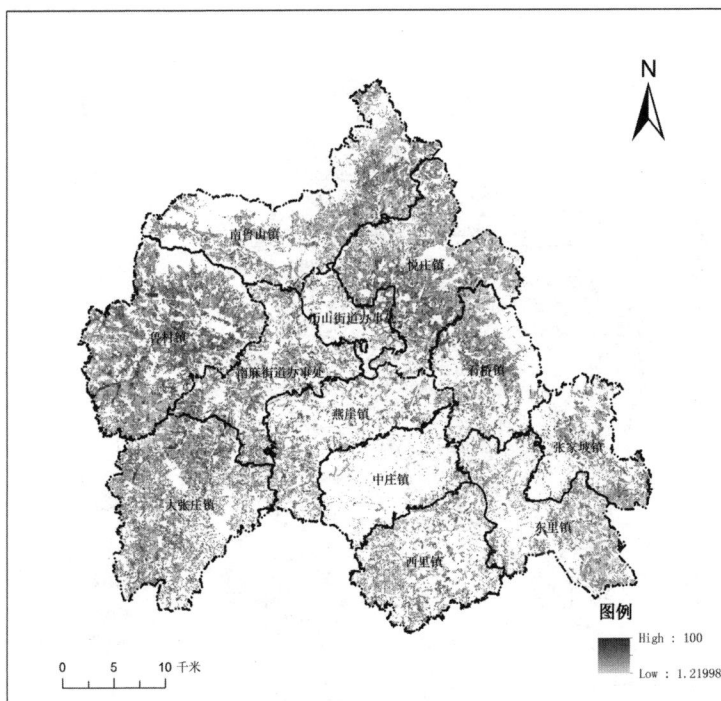

图4.41 耕地斑块指数适宜性评价图

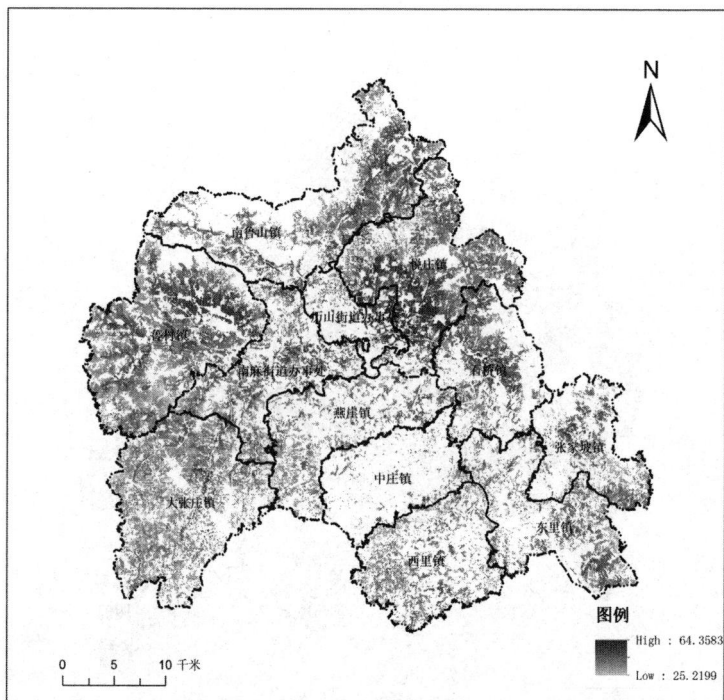

图4.42 耕地质量及立地条件适宜性评价图

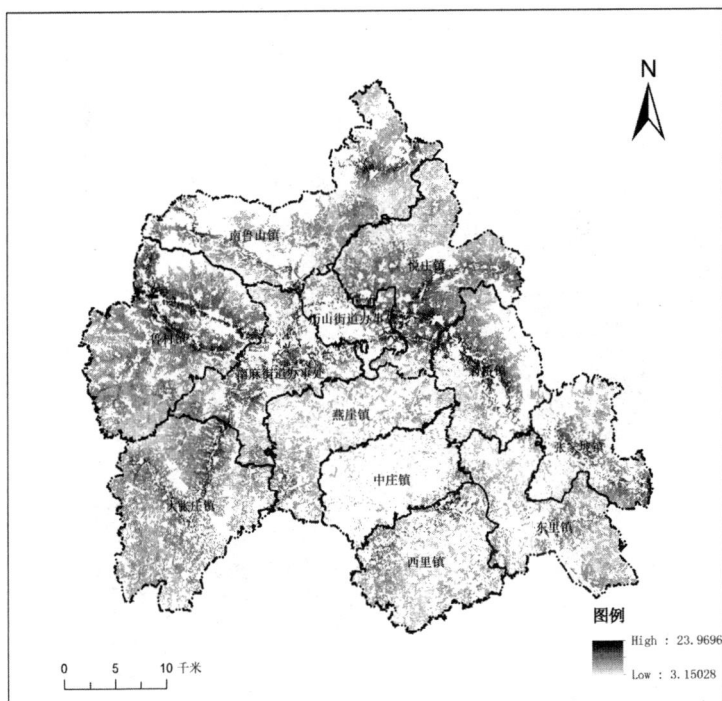

图4.43 耕地质量及立地条件非适宜性评价图

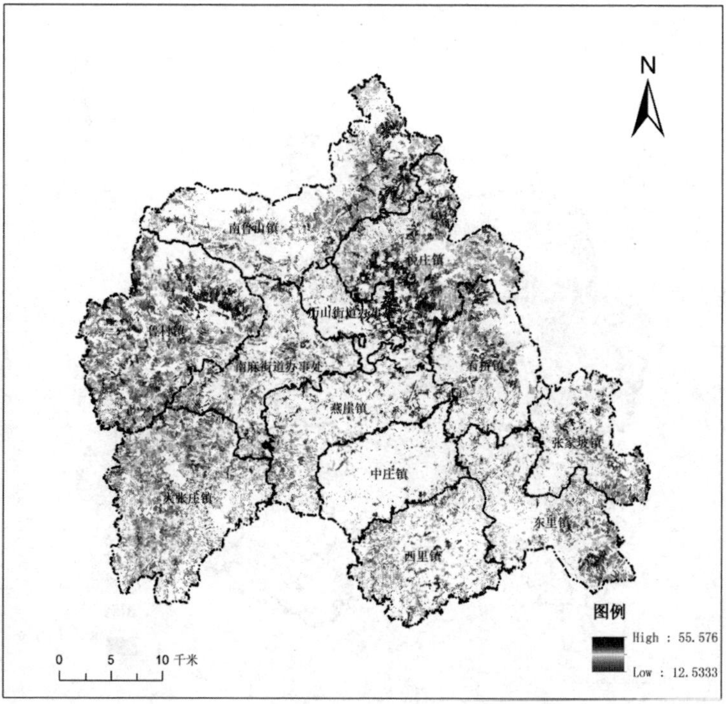

图4.44 耕地质量及立地条件综合评价图

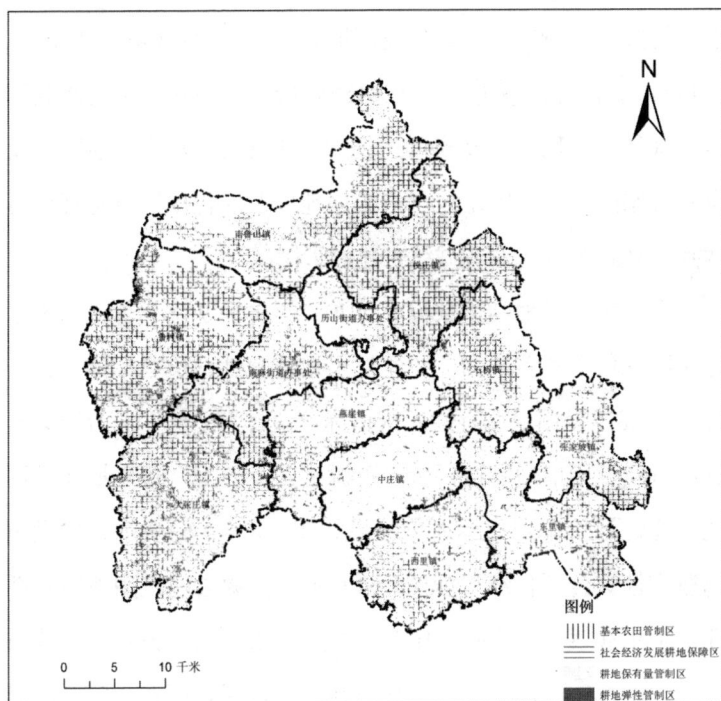

图4.45 沂源县耕地刚性与弹性管制区

五、建设用地相关管制区划定

由前述可知,规划基期年,沂源县建设用地总规模为13733.42hm²。至规划目标年,沂源县社会经济发展建设用地需求总规模为12109.12hm²,建设用地总规模可达到14000.08hm²,并且建设用地总规模应控制在14565.50hm²。其中,交通水利用地与其他建设用地总规模可达到2483.58hm²(对应交通廊道及设施管制区),城镇用地、采矿用地以及农村居民点总规模可达到11516.50hm²(对应城镇村建设管制区)。

以沂源县土地利用数据库(2015年)为基础,首先基于生态文明视角下"多规合一"建设用地适宜性评价指标体系,结合表"3.8建设用地适宜性评价指标分值计算方法"对沂源县全域进行建设用地适宜性评价。沂源县"十三五"规划期建设用地适宜性评价单项指标评价结果如图4.46—4.63所示,建设用地适宜性综合评价结果如图4.64所示,沂源县建设用地适宜性评价结果如表4.14所示。其中人类文化指标包括齐长城、院峪墓群、西顾庄遗址、三叶虫化石地质遗迹保护区、土门溶洞群保护区五处;施工建设指标包括一处天然气管线,根据《中华人民共和国石油天然气管道保护法》规定:长输管线中心线两侧各5米地域范围内不适宜建设,故本研究对天然气管线做5米缓冲区作为不适宜建设区域。然后依据评价结果,划定沂源县"十三五"规划期生态文明视角下"多规合一"建设用地规模管制区、城镇村建设管制区、交通廊道及设施管制区。

由表4.12可知，"多规"重点建设项目及土地整治项目安排下，沂源县建设用地出现生态盈余，草地出现生态赤字，而各用地类型中，单位面积建设用地的生态服务价值最低且应优先向草地调减。由前述分析及调查可知，沂源县建设用地中，农村居民点整理潜力较大。至规划目标年，沂源县农村居民点规模可达到8375.75hm²，因此，建议在维持建设用地单项用地类型生态平衡前提下，将处于较不适宜、不适宜分级区域内的农村居民点，按照村庄人口数由低到高的顺序选取1890.96hm²用以补充草地供给。

然后依据沂源县建设用地适宜性评价结果、规划基期年现状建设用地以及规划期间重点建设项目安排，结合规划目标年交通水利用地与其他建设用地预测总规模划定交通廊道及设施管制区，并结合规划目标年城镇用地、采矿用地以及农村居民点预测总规模（扣除拟补充草地部分的农村居民点）划定城镇村建设管制区，建设用地规模管制区为交通廊道及设施管制区与城镇村建设管制区之和。沂源县规划目标年建设用地相关管制区如图4.65—4.68所示。

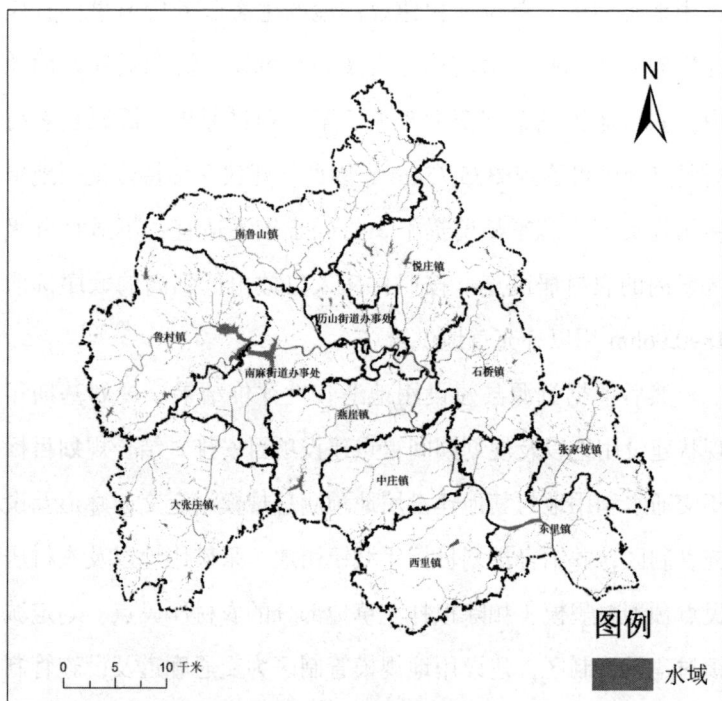

图4.46 建设用地适宜性评价水域约束

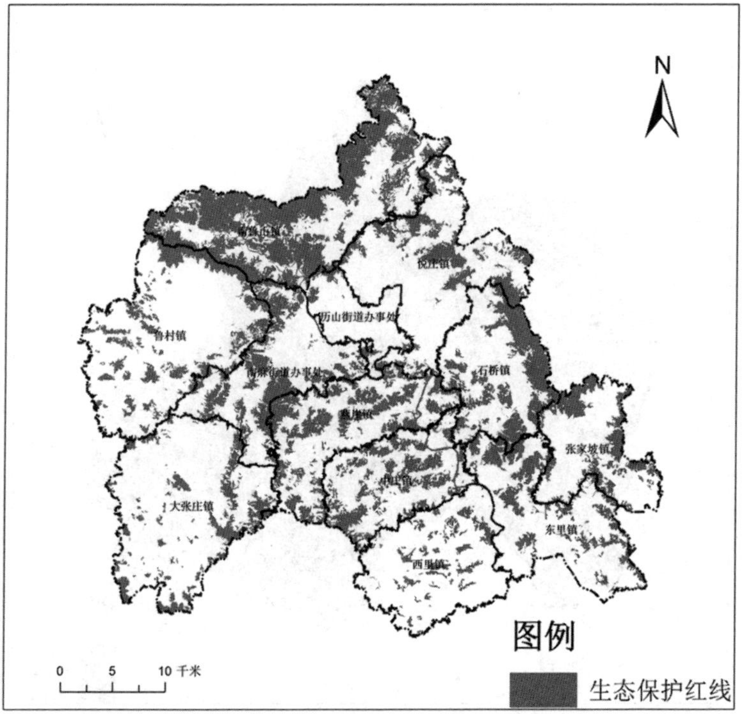

图4.47　建设用地适宜性评价生态保护红线约束

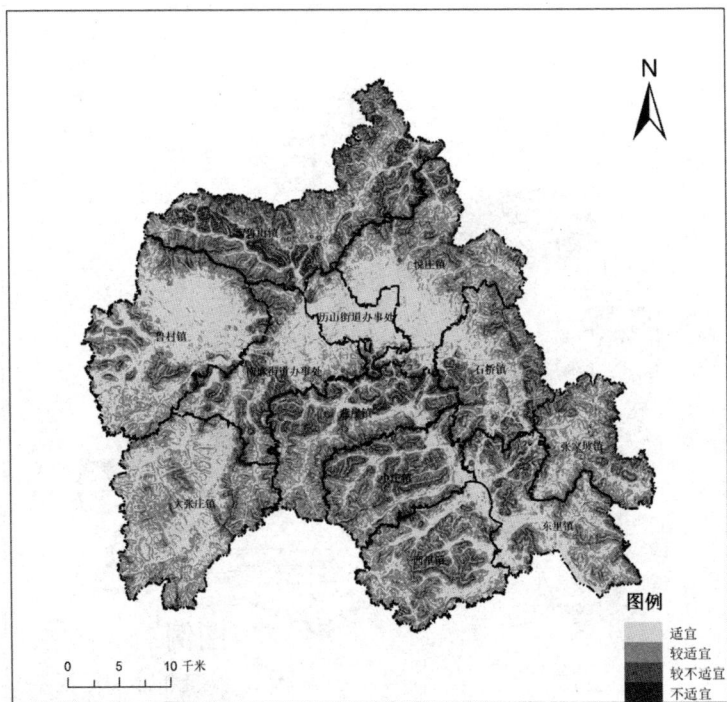

图4.48　建设用地适宜性评价坡度指标

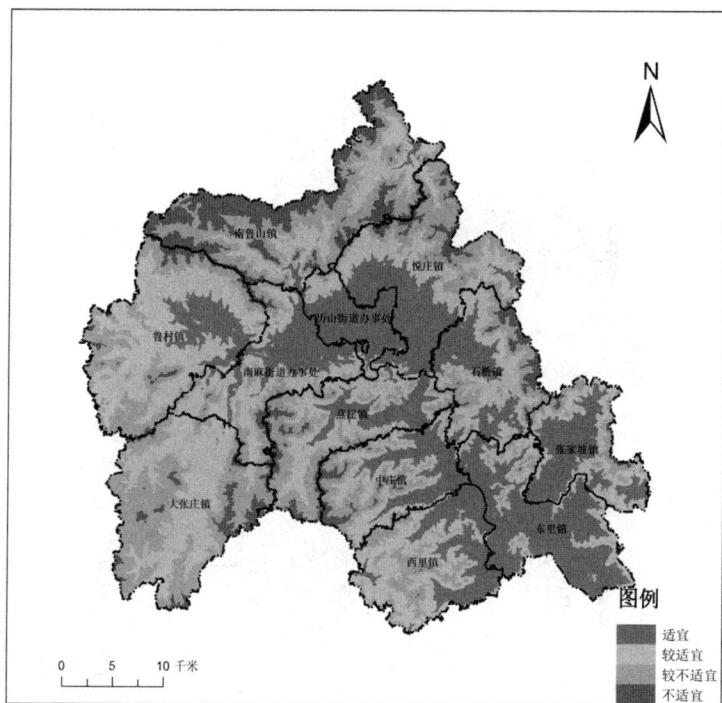

图4.49 建设用地适宜性评价高程指标

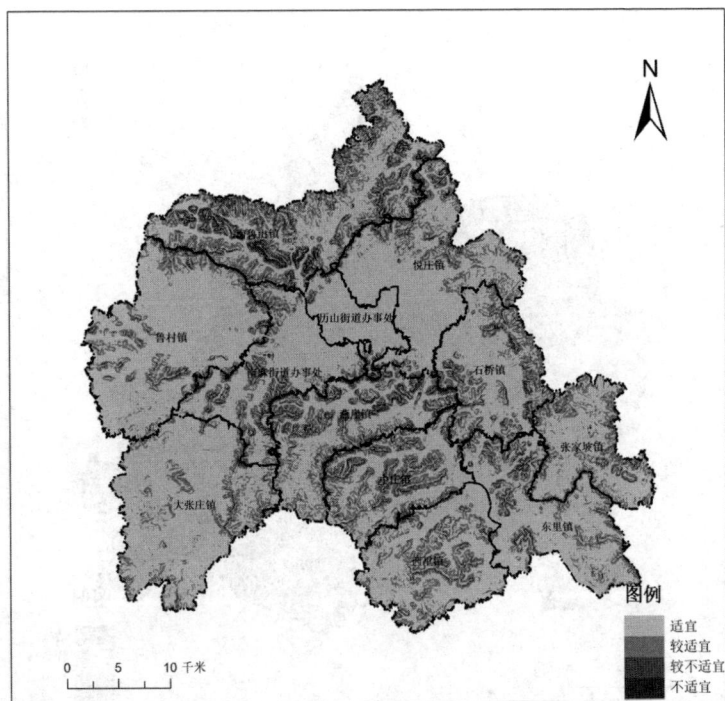

图4.50 建设用地适宜性评价地表粗糙程度指数指标

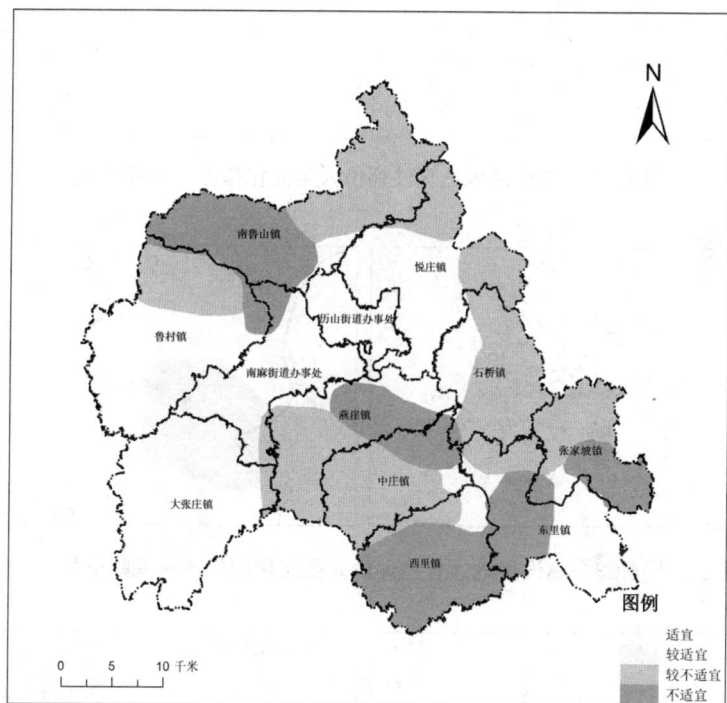

图4.51 建设用地适宜性评价地质灾害易发区指标

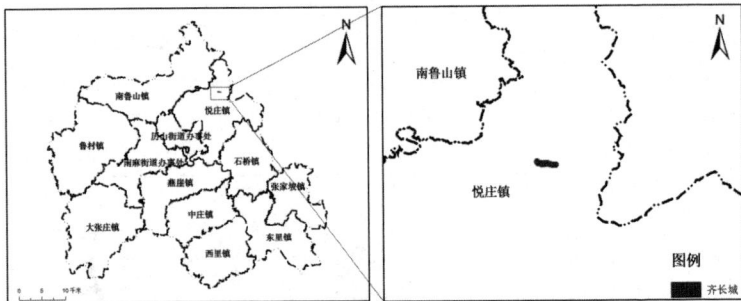

图4.52 建设用地适宜性评价人类文化指标——齐长城

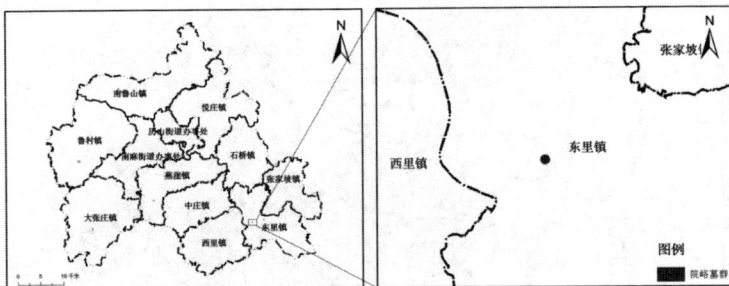

图4.53 建设用地适宜性评价人类文化指标——院峪墓群

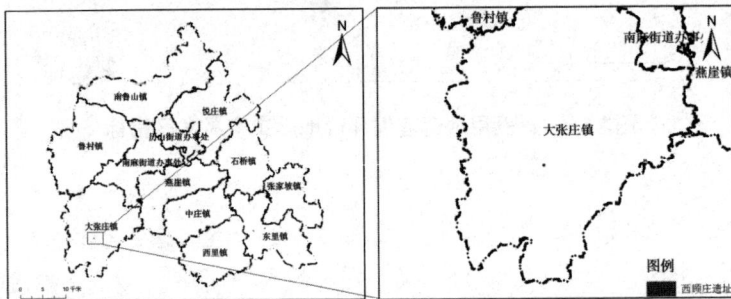

图4.54 建设用地适宜性评价人类文化指标——西顾庄遗址

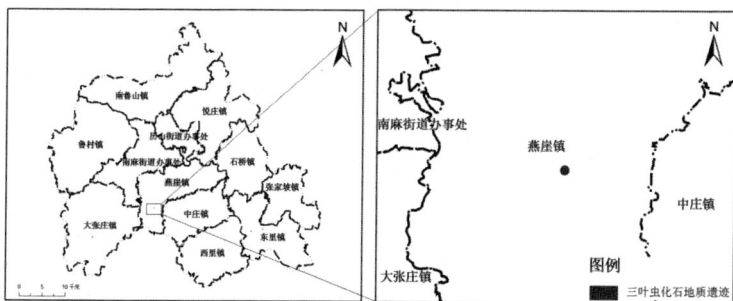

图4.55　建设用地适宜性评价人类文化指标——三叶虫化石地质遗迹

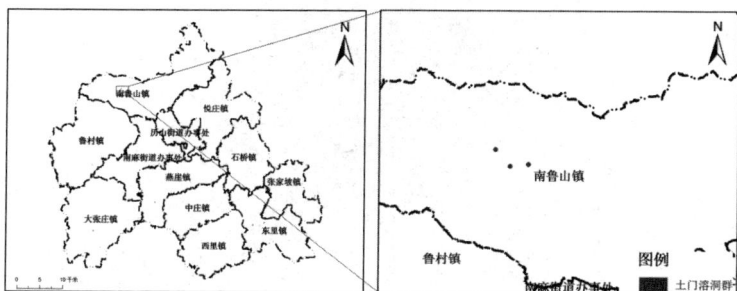

图4.56　建设用地适宜性评价人类文化指标——土门溶洞群

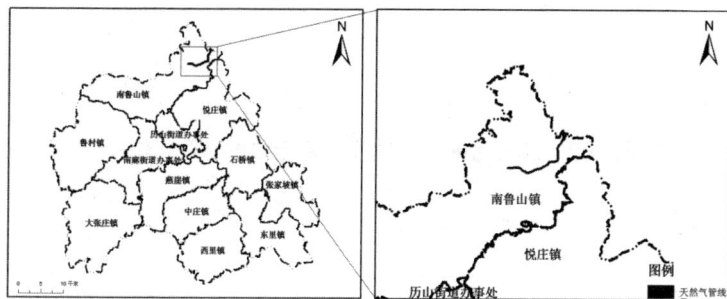

图4.57　建设用地适宜性评价施工建设指标——天然气管线

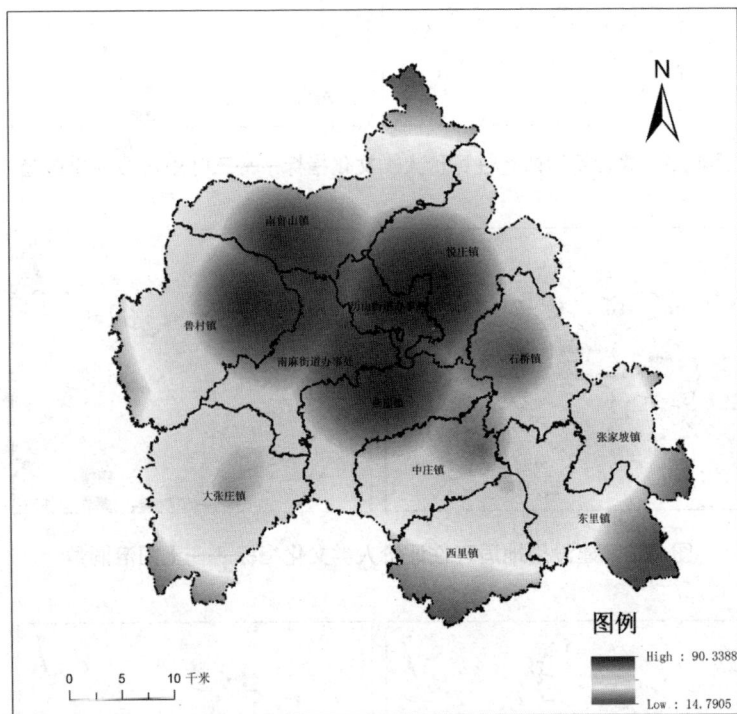

图4.58　建设用地适宜性评价距行政中心距离指标

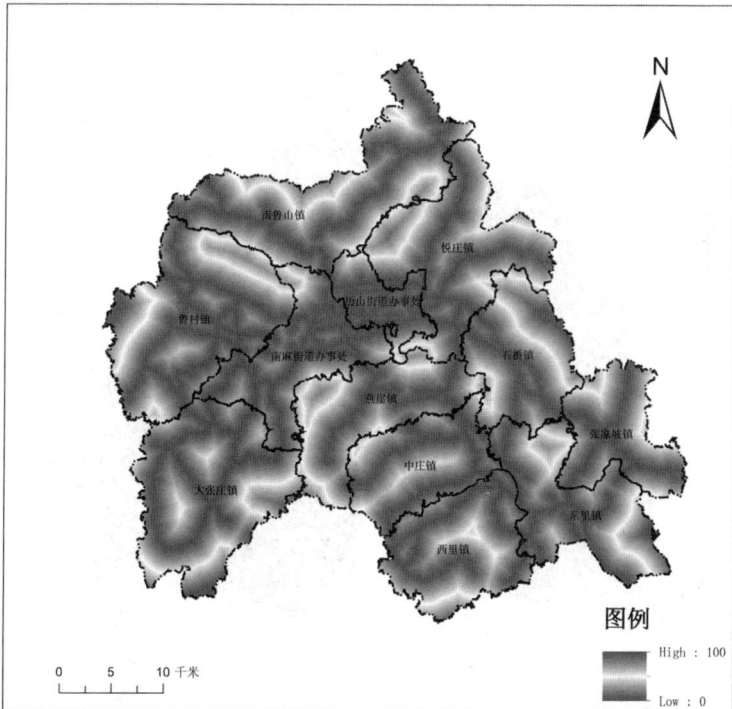

图4.59 建设用地适宜性评价交通便利程度指标

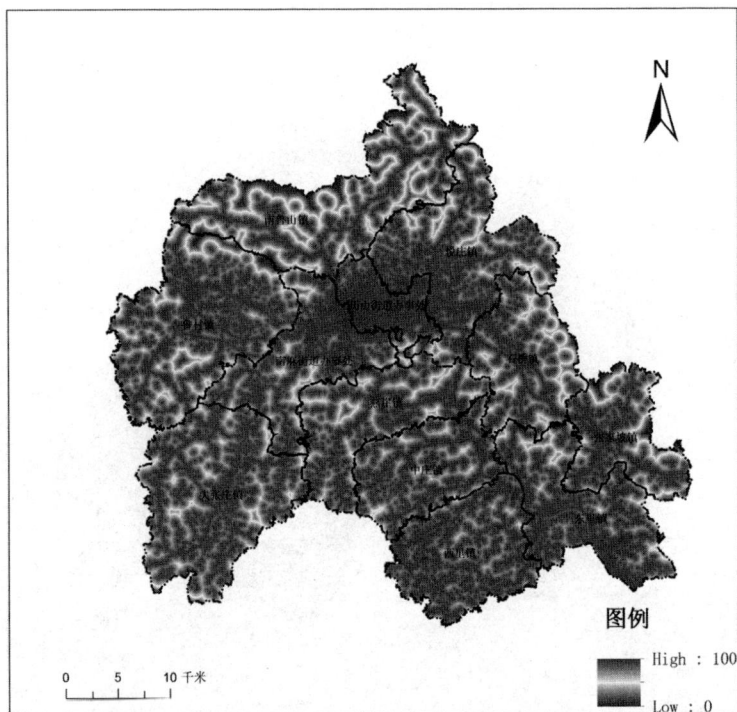

图4.60　建设用地适宜性评价距已有建设用地距离指标

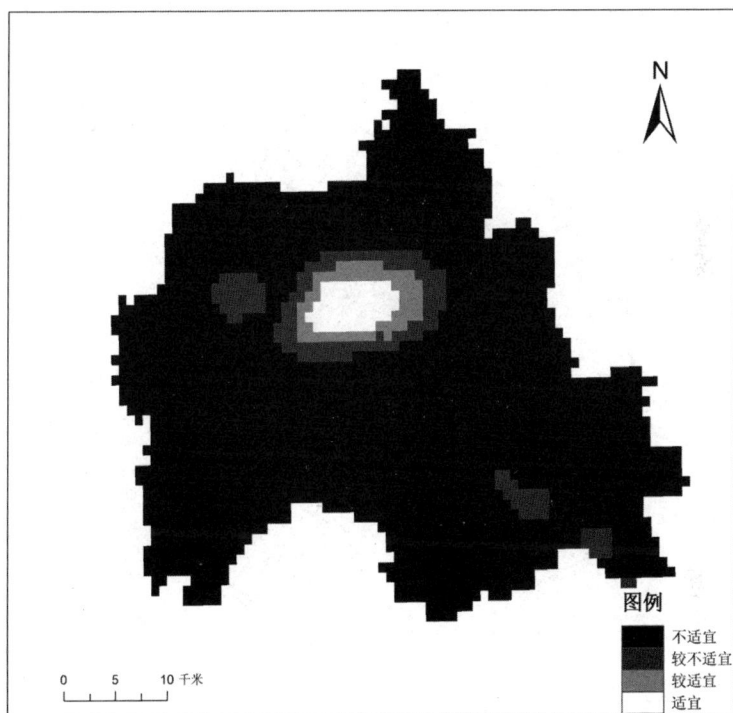

图4.61　建设用地适宜性评价夜间灯光强度指标

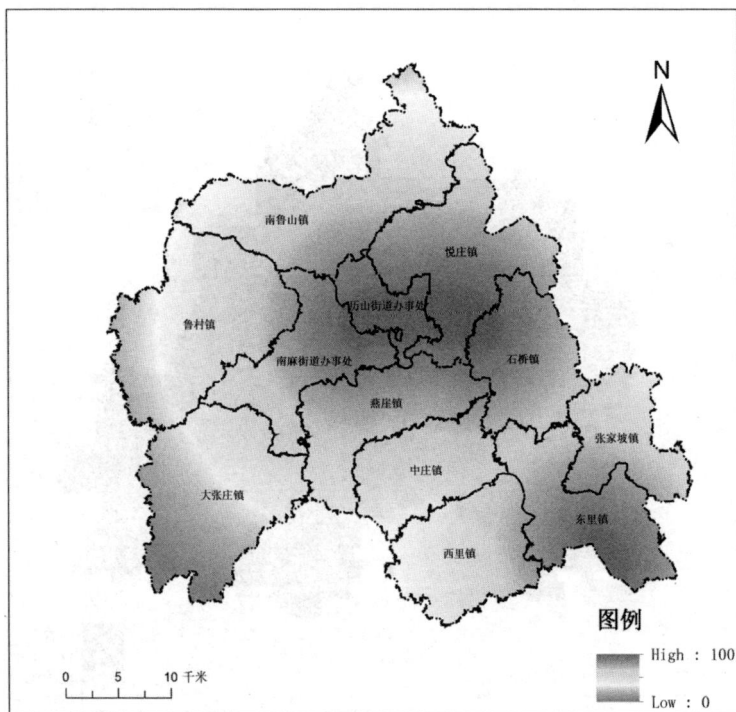

图4.62 建设用地适宜性评价产业聚集区指标

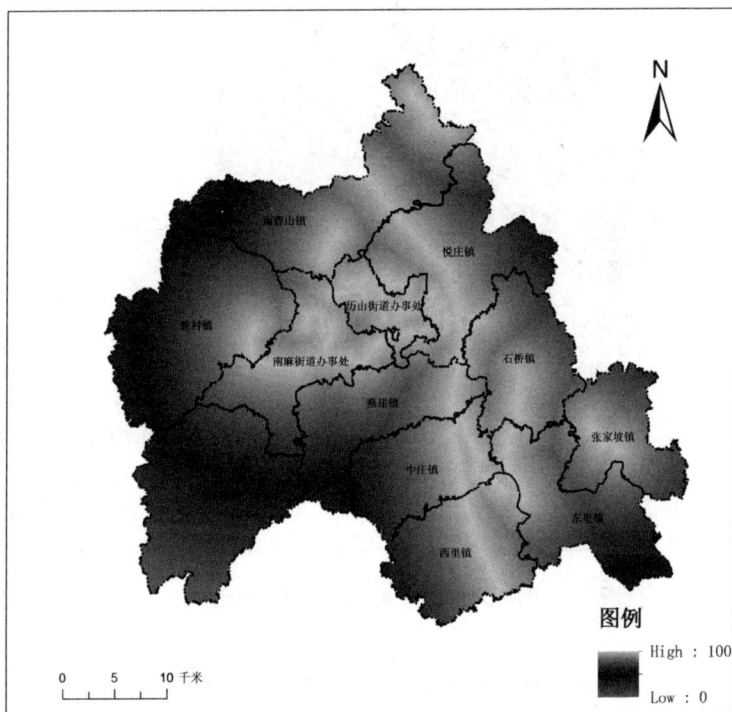

图4.63 建设用地适宜性评价新规划交通指标

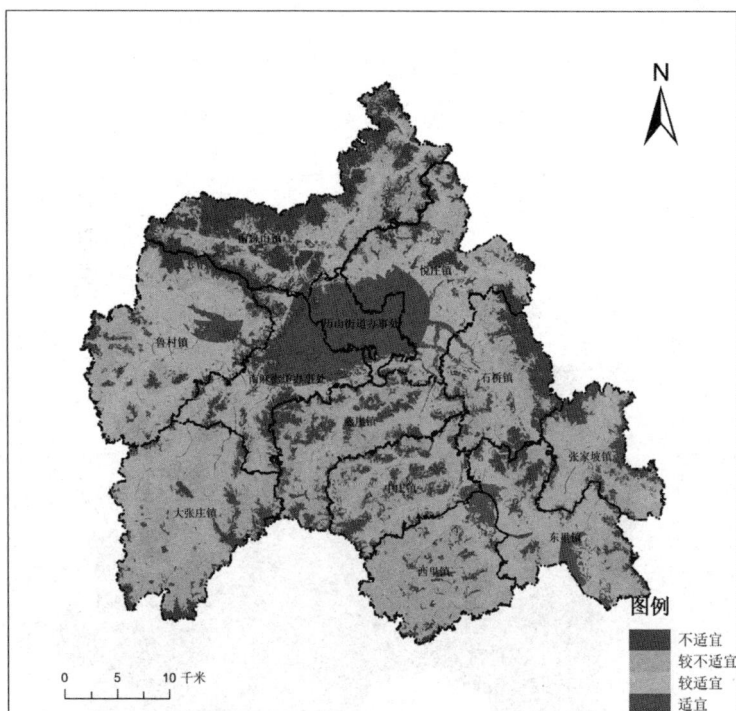

图4.64 建设用地适宜性评价图

表4.14 沂源县建设用地适宜性评价结果

建设用地适宜性等级	面积（hm²）	面积占比（%）
适宜	13224.83	8.08
较适宜	53985.36	32.99
较不适宜	54894.60	33.52
不适宜	41522.13	25.38

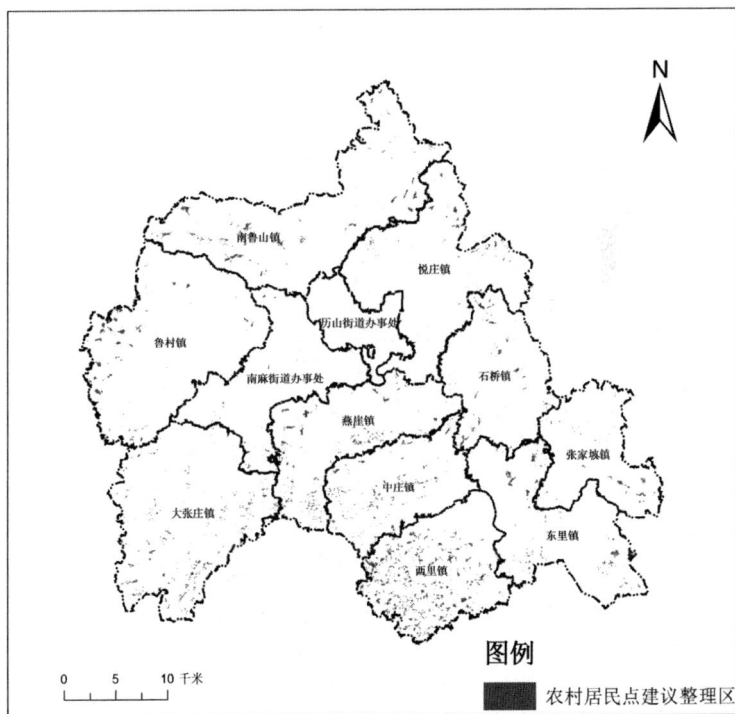

图4.65　农村居民点建议整理区

图4.66 城镇村建设管制区

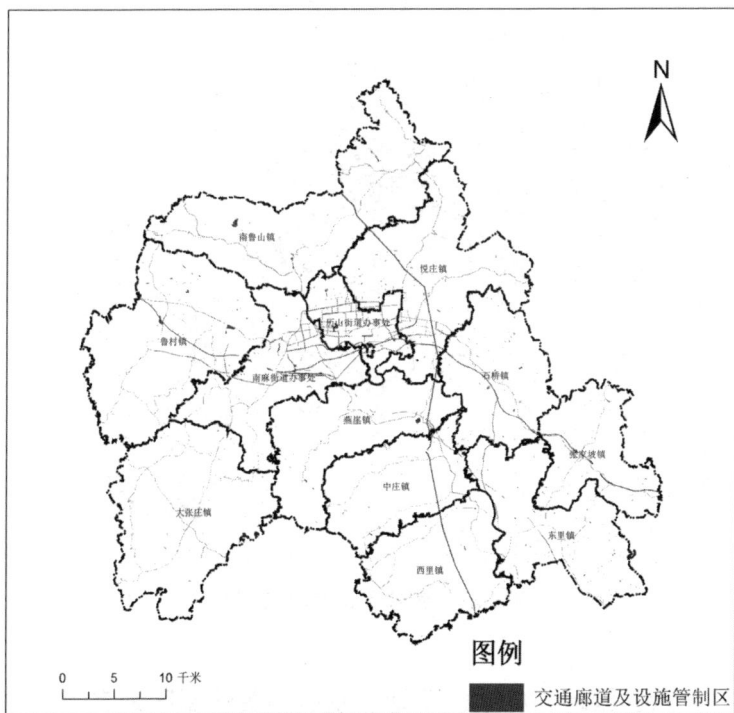

图4.67 交通廊道及设施管制区

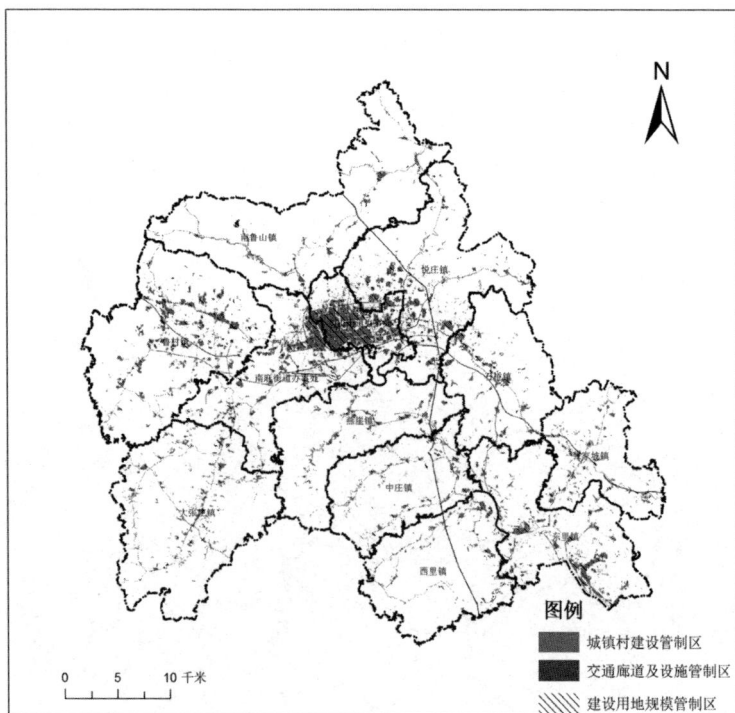

图4.68　建设用地规模管制区

六、园地、林地、草地、水域相关管制区划定

由表4.11可知，沂源县园地、林地、水域出现生态盈余，草地是沂源县生态文明视角下"多规合一"用地分类中唯一出现生态赤字的用地类型。综合沂源县土地利用现状、"多规"重点建设项目与土地整治项目安排，至规划目标年，沂源

县园地总规模可达到39919.40hm²。通过走访调查，从中选取12194.27hm²经济效益高、村民种植意愿高且种植规模较大的园地划入社会经济发展园地保障区，选取1108.67hm²残次园地且村民种植意愿较低的园地用地补充草地支撑沂源县畜牧业发展，剩余部分园地作为弹性管制区，园地相关管制区如图4.69—4.70所示。

至规划目标年，沂源县林地总规模可达到12296.70hm²，本研究按照有林地、灌木林地、其他林地的顺序选取6075.59hm²划入社会经济发展林地保障区，剩余部分林地作为弹性管制区，林地相关管制区如图4.71所示。

至规划目标年，沂源县草地可达到7678.55hm²，不能支撑沂源县社会经济发展目标任务的实现。农村居民点建议整理部分以及园地建议调减部分可弥补沂源县草地供给的不足，共同组成社会经济发展草地保障区，草地相关管制区如图4.72所示。

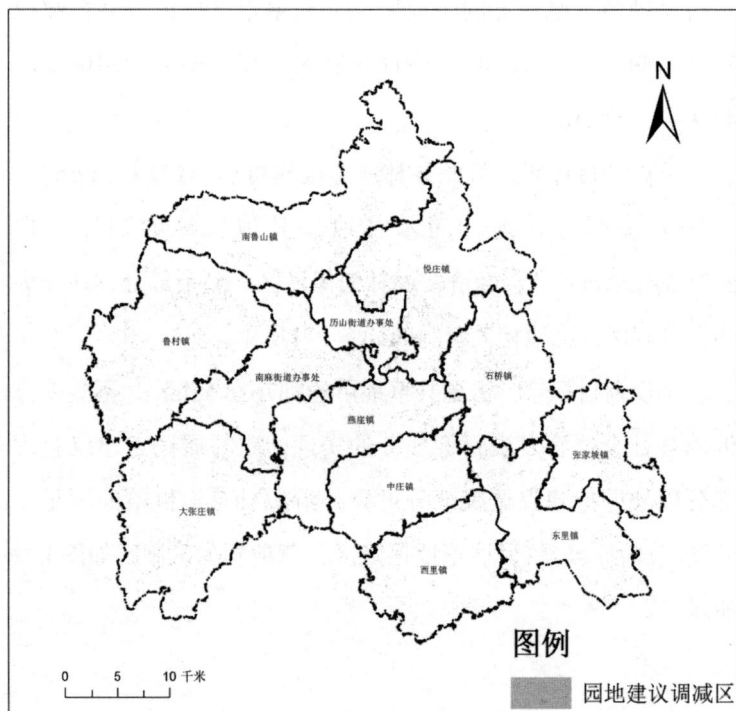

图4.69 园地建议整理区

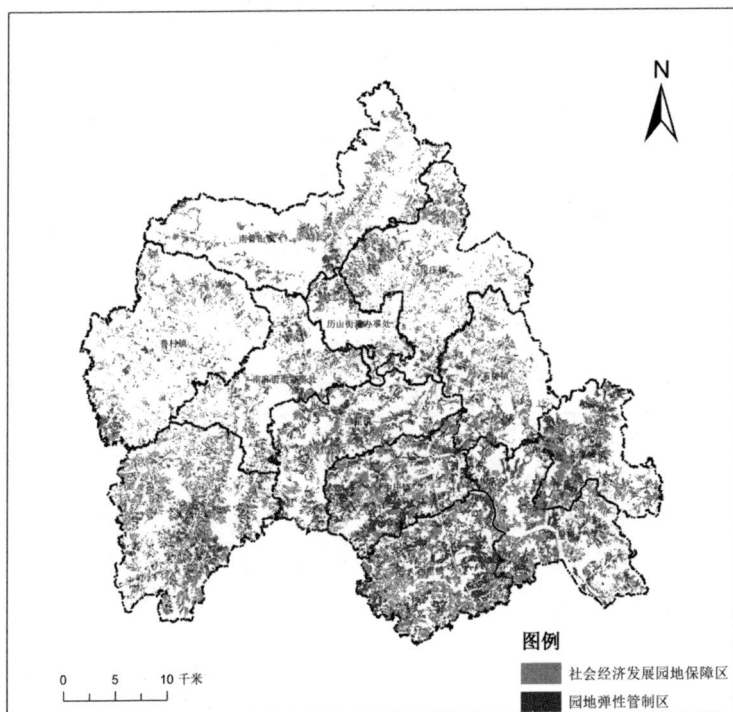

图4.70　园地刚性与弹性管制区

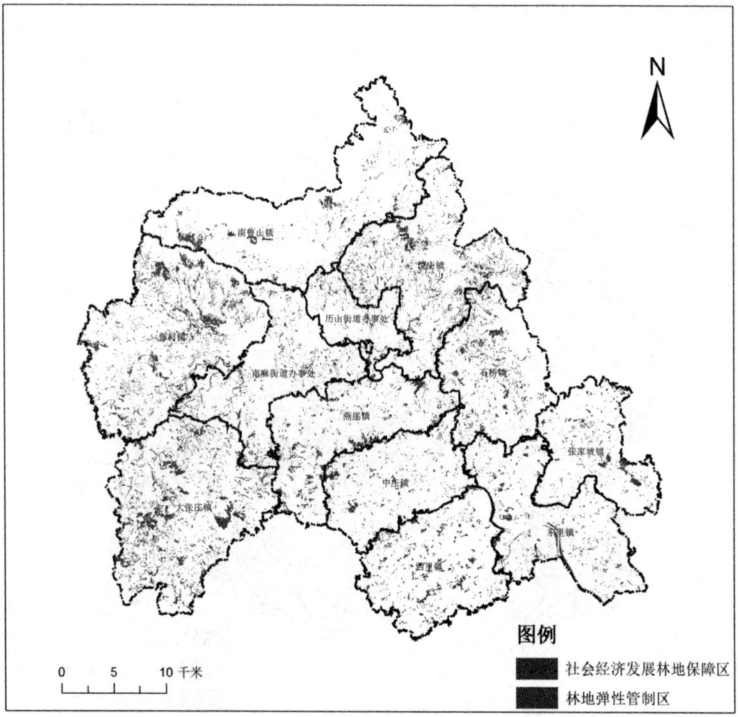

图4.71 林地刚性与弹性管制区

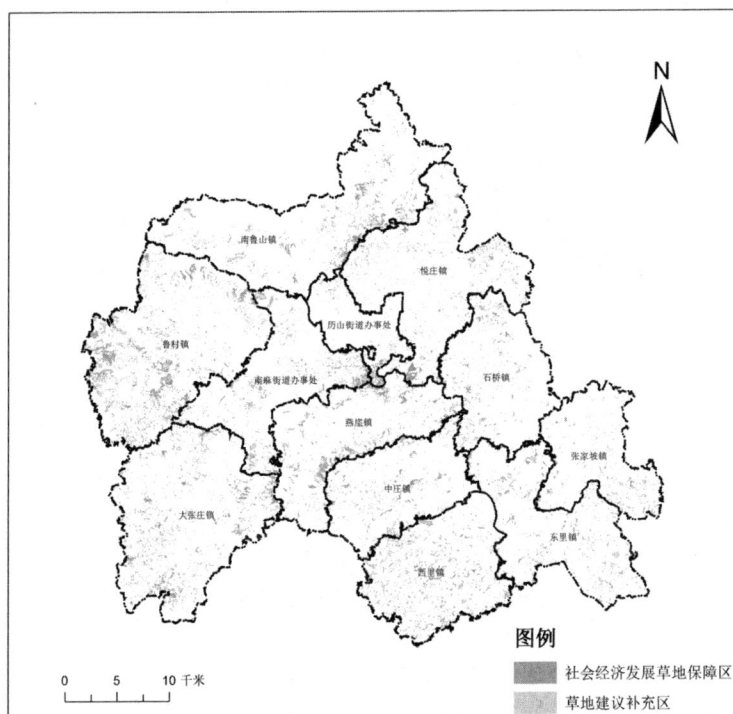

图4.72　草地刚性管制区

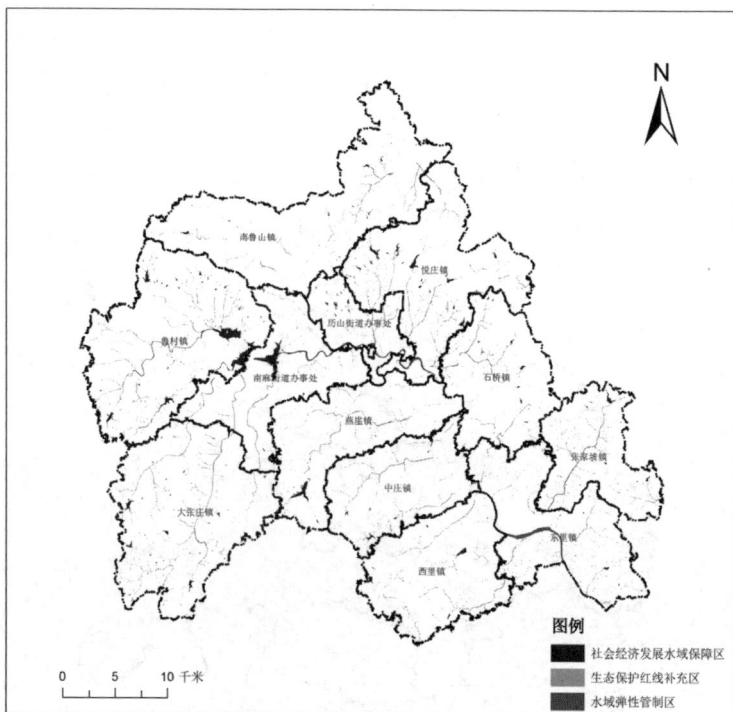

图4.73 水域刚性与弹性管制区

至规划目标年，水域规模可达到3684.30hm²，因沂源县单位面积水域生态服务价值最高且水域出现生态盈余，故建议以规划基期年生态保护红线为基准，以保证生态保护红线连通性为原则，选取102.54hm²水域划入生态保护红线，以维护区域生态安全，水域相关管制区如图4.73所示。此外，生态文明视角下"多规合一"空间管制区如图4.74所示。

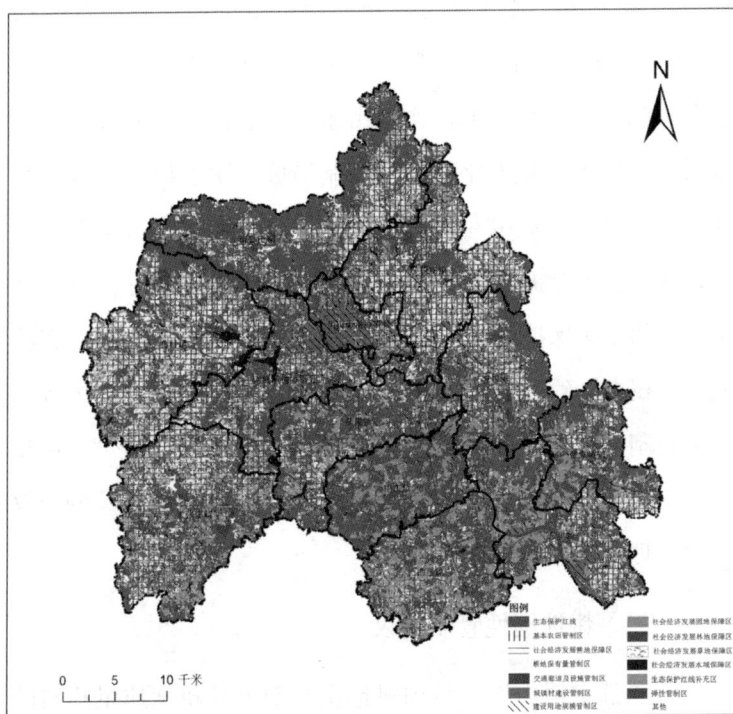

图4.74　生态文明视角下"多规合一"空间管制区

第四节　生态文明视角下"多规合一"空间管制统一建议

一、刚性管制建议

（一）生态保护红线刚性管制建议

依据《淄博市生态保护红线（2016—2020年）》，沂源县境内生态保护红线规模占到淄博市生态保护红线规模的30.75%，相对于周边地区，沂源县承担了更多维护全市乃至全省的生态保护义务。作为山东省生态县，沂源县应对生态保护红线实行最严格的刚性管制措施，生态保护红线一经划定，不得擅自改变用途，如确需占用，应落实占补平衡制度，保障生态保护红线规模不减少、生态服务功能不降低。对于划定的生态保护红线，应按不同生态管制要素的主导生态功能，以权责一致为目标，明确相关部门对生态保护红线内各类生态管制要素的监管职责，并制定相应的负面清单制度、逐步建立生态保护红线地理信息平台，确保对生态保护红线的长效科学管理。

（二）耕地刚性管制建议

沂源县隶属山区，境内耕地图斑破碎且耕地质量相对较差，但一直以来，沂源县耕地保护工作执行程度相对较好。沂源县应继续做好耕地保护工作，保证耕地对沂源县农业发展的承载能力以及上级政府对沂源县做出的耕地保护要求。此外，沂源县要对耕地保护相关管制区内的耕地进行严格管控，除法律规定的国家重点建设项目选址确实无法避让的，任何建设项目不得侵占耕地保护相关管制区内的耕地，并强化对耕地保护相关管制区内耕地的用途管制，严格占用管制区内耕地建设项目土地用途转用许可，规范许可程序，提高占用成本。同时，沂源县应积极开展土地综合整治工程，全面推进耕作层土壤剥离再利用，加大耕地质量提升建设力度，确保耕地对沂源县社会经济发展目标任务的承载功能不降低。

（三）建设用地刚性管制建议

由前述分析可知，沂源县建设用地供需矛盾相对较弱，但建设用地节约集约利用程度不高。对于建设用地相关管制区而言，沂源县要坚持规模约束、节约集约的原则，通过划定建设用地相关管制区来约束沂源县各类开发建设活动，经审查划定的建设用地相关管制区应作为沂源县刚性约束内容，各部门应共同遵守。控制性详细规划编制范围不得突破划定的建设用地相关管制区，其他各类规划编制应充分衔接建设用地相关管制区。建设用地相关管制分区外，不得编制控制性详细规划，不得给予建设用地规划许可。

（四）园地、林业、草地、水域刚性管制建议

沂源县社会经济发展园地保障区、社会经济发展林地保障区、社会经济发展草地保障区、社会经济发展水域保障区主要服务于沂源县境内农业的发展。沂源县应结合土地整治工程实施，以整治促建设，以建设促保护，完善农田水利基础设施，加强地理培肥等工程建设，改善农业基本生产条件，保障社会经济发展园地、林地、草地、水域保障区对沂源县农业发展承载能力的同时，充分发挥其生产、景观提升以及生态保障

功能。管制区内原则上禁止城镇村新增建设用地。

二、弹性管制建议

沂源县生态文明视角下"多规合一"弹性管制基准为维持区域生态平衡，故弹性管制对象为出现生态盈余的用地类型。同时，沂源县生态文明视角下"多规合一"的弹性管制要以尽力保障区域整体生态服务价值最大呈现为原则，将区域出现生态盈余且单位面积生态服务价值（生态服务价值综合因子反映）由低到高的用地类型依次补充至出现生态赤字且单位面积生态服务价值（生态服务价值综合因子反映）由高到低的用地类型，即生态文明视角下"多规合一"不同用地类型之间的转换要充分考虑不同用地类型的生态服务价值，土地资源最终配置方案要呈现"多规"土地利用计划安排下土地生态系统所能提供的最大的生态服务价值。

由前述分析可知，沂源县草地供给不足，耕地、园地、林地、水域、建设用地供给出现生态盈余。为促进区域整体生态服务价值最大化呈现，首先建议将单位面积生态服务价值最低的盈余部分建设用地调整为草地，在建设用地调减依然不能满足社会经济发展目标任务的情况下，建议将单位面积生态服务价值相对较低且部分盈余园地调整为草地。此外，鉴于因重点项目建设，沂源县规划基期年划定的生态保护红线将被部分占用，为确保区域生态保护红线生态服务功能的稳定发挥，在数量上应至少补充等规模的生态管制要素并且生态管制补充要素单位面积生态服务价值不能低于被占用部分的生态管制要素，规划期内，出现生态盈余的用地类型中以水域单位面积生态服务价值最高且水域盈余部分补充被占用生态保护红线后尚能出现盈余，故建议沂源县以保证生态保护红线的连通性为准则，将部分水域划入生态保护红线，保障区域生态安全。

经上述不同用地类型进行转换后，耕地、园地、林地依然出现生态盈余，耕地、园地、林地的盈余部分可统一作为沂源县生态文明视角下"多规合一"弹性管制区，用于沂源县社会经济发展不可预测的用地需求。

第五节　本章小结

本章以沂源县为例进行生态文明视角下"多规合一"实证研究，主要得出以下结论：

（1）针对沂源县"十三五"规划期生态保护目标任务以及社会经济发展目标任务，结合生态文明视角下"多规合一"土地资源数量统一配置实现路径，本研究在优先确定沂源县生态保护红线占用土地资源数量的基础上，以改进的生态足迹法为依托，综合比较"十三五"规划期内沂源县社会经济发展目标任务产生的生态足迹以及"多规"土地利用计划安排下的生态承载力，以尽力保障区域整体生态服务价值最大呈现为原则，确定沂源县"十三五"规划期末生态保护红

线、耕地、园地、林地、草地、水域、建设用地合理配置规模

为41408.56hm^2、31509.56hm^2、38810.73hm^2、12296.70hm^2、

10678.18hm^2、3684.30hm^2、12109.12hm^2

（2）依据《生态保护红线划定指南》以及生态文明视角下"多规合一"生态保护红线划定技术流程，结合沂源县"十三五"规划期生态保护红线配置规模，优先划定沂源县"十三五"规划期生态保护红线区。在此基础上，对沂源县耕地保护适宜性以及建设用地适宜性进行评价，以评价结果为参照，以落实传统土地利用刚性指标为前提，依据社会经济发展目标任务对耕地与建设用地的规模保障需求、土地利用刚性指标间的相对数量关系，划定沂源县"十二五"规划期耕地保护相关管制区以及建设用地相关管制区，其中耕地管制区包含生态文明视角下"多规合一"弹性管制区。最后，依据园地、林地、草地、水域社会经济发展目标任务规模保障需求划定沂源县"十三五"规划期园地、林地、草地、水域相关管制区，其中园地、林地、水域管制区出现弹性管制区。

（3）沂源县生态文明视角下"多规合一"的刚性管制与弹性管制以维持区域生态平衡为基准。刚性管制区包括生态保护红线区、各类社会经济发展规模保障区以及土地利用刚性指标管制区，其中，生态保护红线的管制重点为充分发挥沂源县生态优势，对生态保护红线内的各类生态管制要素实行最严格的管控措施，保障生态保护红线区的规模不减少、功能不降

低；各类社会经济发展规模保障区与土地利用刚性指标管制区的管制重点为保证管制区内相关地类对沂源县社会经济发展目标任务的规模保障以及承载能力。弹性管制对象为出现生态盈余的用地类型，以尽力保障区域整体生态服务价值为原则，依据不同用地类型单位面积生态服务价值，建议调减建设用地、园地补充草地以支撑沂源县畜牧业发展目标的实现。此外，鉴于沂源县水域的单位面积生态服务价值在各用地类型中最高，建议生态保护红线中的被占用部分，以盈余部分的水域予以补充，从而确保区域生态保护红线生态服务功能的稳定发挥。地类转换后，沂源县耕地、园地、林地依然出现生态盈余，盈余部分可统一作为沂源县生态文明视角下"多规合一"的弹性管制区，用于沂源县社会经济发展不可预测的用地需求。

第五章　结论与展望

本书在梳理国内"多规合一"以及国外发达国家空间规划体系相关研究成果的基础上，系统分析了生态文明对"多规合一"的要求，并提出生态文明视角下"多规合一"的准则。最后，构建了生态文明视角下"多规合一"实现路径，并以山东省沂源县为例进行了实证分析。

第一节　主要研究结论

（1）"多规合一"的本质为解决"多规"因规划理念、规划目标、规划原则不统一而导致的多种规划间冲突。鉴于生态文明为我国当前整体改革的语境，"多规合一"既然作为生态文明体制改革的重要组成部分，生态文明理念应成为"多规合一"的指导理念。生态文明理念指引下，"多规合一"应兼顾生态保护目标及社会经济发展目标的落实，以此来改变传统规划重经济轻生态的现象，并严格遵循生态优先原则，优先落实生态保护目标。同时，"多规合一"的实现，要以全面性与可操作性、生态优先与社会经济生态协调、重点要素保障、刚性与弹性结合、区域性与普适性、相对稳定性为原则。

（2）生态文明视角下的"多规合一"可以通过技术与空间管制协调两条路径实现，其中，技术实现路径主要包括坐标统一、规划期限统一、土地资源数量配置统一以及空间管制分区统一的四个方面。

（3）"多规合一"的根本目的为实现对土地资源的科学管控，生态文明应引导"多规合一"土地资源科学管控，主要包括土地资源配置科学与空间管制科学两方面。生态文明视角下，"多规合一"土地资源配置科学应体现在优先落实生态保护目标，在土地资源数量配置及划定空间管制区过程中优先确定生态保护红线规模、优先布局生态保护红线，并将生态保护红线作为"多规"土地利用底线。同时，生态文明视角下，"多规合一"土地资源配置科学还体现在在社会经济发展目标任务落实过程中充分考虑区域的可承载能力。生态文明视角下，"多规合一"空间管制科学，应体现在优先对生态保护红线进行刚性管控，并且对各类社会经济发展目标任务规模保障管制区进行刚性管控，在此基础上，以维持生态平衡以及尽力保障区域整体生态服务价值最大呈现为准则，实现生态文明视角下"多规合一"的弹性管理。

（4）本研究借鉴传统生态足迹理论，以不同用地类型的生态服务价值为切入点，构建基于"多规合一"社会经济发展目标任务、不同用地类型规模及其生态服务价值的改进的生态足迹法,为生态文明视角下"多规合一"中空间规划与发展规划的衔接以及土地资源科学配置提供了方法支撑。生态足迹反映社会经济发展目标任务产生的发展状态及其对土地生态系统生态服务价值的占用状态;生态承载力反映土地资源配置方案对社会经济发展目标任务的支撑状态及其对生态服务价值的供给状态;以生态平衡为底限形成更加合理的社会经济发展分布。

(5)结合生态文明视角下"多规合一"技术实现路径及空间管制协调路径,确定沂源县"十三五"规划期末生态保护红线、耕地、园地、林地、草地、水域、建设用地合理配置规模为41408.56hm^2、31509.56hm^2、38810.73hm^2、12296.70hm^2、10678.18hm^2、3684.30hm^2、12109.12hm^2,基于上述规模数据,参照沂源县耕地保护适宜性评价以及建设用地适宜性评价结果以及规划期末不同用地类型的预测规模,以落实传统土地利用刚性指标为前提,划定沂源县"十三五"规划期刚性管制区与弹性管制区,其中,划入弹性管制区的用地类型包括耕地、园地、林地、水域。刚性管制区中,生态保护红线的管制重点为充分发挥沂源县生态优势,对生态保护红线内各类生态管制要素实行最严格的管控措施,保障生态保护红线区规模不减少、功能不降低;各类社会经济发展规模保障区与土地利用刚性指标管制区的管制重点为保证管制区内相关用地类型对沂源县社会经济发展目标任务的规模保障以及承载能力。弹性管制对象为出现生态盈余的耕地、园地、林地、水域，依据耕地、园地、林地、水域的单位面积生态服务价值，建议调减建设用地、园地补充草地以支撑沂源县畜牧业发展目标任务的实现并建议调减水域以补充被占用的生态保护红线。调减后，沂源县耕地、园地、林地依然出现生态盈余，盈余部分可统一作为沂源县生态文明视角下"多规合一"的弹性管制区，用于沂源县社会经济发展不可预测的用地需求。

第二节　研究展望

本书对生态文明视角下"多规合一"的实现路径进行了深入研究，研究中仍存在一定局限性，诸多研究还需要进一步提升和完善：

（1）本书在核算社会经济发展目标任务规模承载力时，考虑到生态保护红线划定的初衷是充分发挥生态保护红线的生态服务价值，维护国家生态安全，并且各地对生态保护红线管制的普遍做法均以保护为主，生态保护红线的管制底线为保障其生态功能不退化，故本研究未将生态保护红线范围内的用地规模予以统计。在各地"多规合一"实践中，因地域特征差异，各地对生态保护红线内生态管制要素的管制要求存在差异，如广州明确规定生态保护红线范围内原则上不进行生产经营活动，江西、山东等地明确规定生态保护红线范围内不得开展与主体功能定位不符的各类开发建设活动,而贵州为强化耕地保护将部分基本农田划入生态保护红线。因此,本研究所用社会经济发展目标任务规模承载力核算方法在其他地区的实践中需要注重因地制宜,对于生态保护红线区内可以承载社会经济发展的相关用地类型可以根据当地实际管制要求,依据其与社会经济发展目标任务的承载关系以及承载程度将相关全部规模或部分规模纳入承载力统计范围。

(2)沂源县属于欠发达山区农业县,社会经济发展条件相对较弱,通过地类间的调整转换,沂源县土地资源可支撑对应承载产业的发展需求。但由于我国不同区域的自然条件与社会经济发展条件存在较大差异,当经过地类间调整转换区域土地资源总量依然不能承载社会经济发展目标任务的实现时,可以借助非空间因素,减少区域社会经济发展对土地资源的依赖程度。如沂源县草地对社会经济发展目标任务的承载能力不足,除可通过地类间调整转换以弥补草地生态赤字状况外,还可通过咨询畜牧业工作人员,合理配置饲料,减少羊的饲养对草地的依赖程度,这种类似情况也是下一步研究的契机。

参考文献

[1] Alexander E R. Approaches to Planning: Introducing Current Planning Theories, Concepts and Issues[M]. Langhome: Gordon and Breach,1992.

[2] Bouma G, Duijn M, van de Klundert M. Eindeapportage: Pilots Omgevingsvisie[R]. BNSP, 2016.1.

[3] CEC—Commission of the European Communities. The EU compendium of spatial Planning Systems and Policies, Regional Development Studies [R]. Luxembourg: Office for Official Publications of the EU Communities, 1997.

[4] Cullingworth Barry, Nadin Vincent. Town and Country Planning in the UK[M]. 14th ed. London and New York: Routledge, 2006.

[5] Davis H W E, Edwards D, Hooper A J, et al. Comparative Study [M]//Planning Control in Western Europe. London: HMSO, 1989.

[6] Department for Communities and Local Government. PPS11: Planning Policy Statement on Regional Strategy. London,

2004.

[7] Faludi A, Valk A J. Rule and Order, Dutch Planning Doctrine in the 20th Century[M]. Boston: Kluwer Academic Publishers, 1994.

[8] Hajer M, Zonneveld W. Spatial Planning in the Network Society-rethinking the Principles of Planning in the Netherlands[J]. European Planning Studies, 2000, (3): 337—355.

[9] Mstop H J M. Dutch National Planning at the Turing Point: Rethink Institutional Arrangements [M]//National—level Planning in Democratic Countries. Liverpool: Liverpool University Press, 2001

[10] Nadin V. The Emergence of the Spatial Planning Approach in England[J]. Planning Practice & Research, 2007, 22(1): 43—62.

[11] Needham B. The New Dutch Spatial Planning Act: Continuity and Change in the Way in Which the Dutch Regulate the Practice of Spatial Planning [J]. Planning, Practice and Research, 2005.

[12] Needham, B. Dutch Land—use Planning: The Principles and the Practice [M]. Surrey, Burlington: Ashgate Publishing, 2014.

[13] ODPM: Office of Deputy Prime Minister. Planning

Policy Statement 1: Delivering Sustainable Development [Z/OL]. [2015-10-10]. http://www.sustainableaggregates. com/library/docs/ 10387ODPM_planningpolicystatement.pdf.

[14] Office of the Deputy Prime Minister. The Town and Country Planning (Regional Planning) (England) Regulations, 2004.

[15] PBL: Planbureau de Leefomgeving. Ex-Durante Evaluatie Wet Ruimtelijke Ordening [R]. Den Haag, 2012.

[16] Richard W Dunford, R Dennis Roe. Implementing LESA in Whitman county, Washington[J]. Journal of Soil and Water Conservation, 1983, 38 (2): 87—89.

[17] Shetter W Z. The Netherlands in Perspective: The Organization of Society and Environment [M]. Leiden: Martinus Nijhoff, 1987.

[18] Van der Valk A. The Dutch Planning Experience[J]. Landscape and Urban Planning, 2002, 58(2—4): 201—210.

[19] Wackernagel M, Onisto L, Bello P, et al. National natural capital accounting with the ecological footprint concept[J]. Ecological Economics, 1999, 29: 375—390.

[20] Wackernagel M, Rees WE. Perceptual and structural barriers to investing in natural capital: Economics from an ecological foot-print perspective[J].Ecological Economics, 1997,

20: 3—24.

[21] 白鹏，李晓，谭兴业. 沈阳"多规合一""一张蓝图"差异图斑处理方法初探——以林地与其他规划差异图斑处理为例：持续发展理论性规划——2017中国城市规划年会论文集（11城市总体规划）[C].北京：中国建筑出版社，2017.

[22] 毕宝德. 土地经济学[M].北京：中国人民大学出版社，2006.

[23] 边振兴，刘琳琳，王秋兵，等. 基于LESA的城市边缘区永久基本农田划定研究[J]. 资源科学，2015，37（11）：2172—2178.

[24] 蔡莉丽，李晓刚.厦门自贸区：基于"多规合一"深化工程建设项目审批制度改革[J].建筑，2018，(10)：12—16.

[25] 蔡莉丽，魏立军. 规划体制改革视角下多规合一法制化探索——以厦门经济特区立法为例：持续发展理论性规划——2017中国城市规划年会论文集（14规划实施与管理）[C].北京：中国建筑出版社，2017.

[26] 蔡玉梅，高平. 发达国家空间规划体系类型及启示[J].中国土地，2013，(2)：60—61.

[27] 曹阳，甄峰，秦萧. 基于多源数据的多规协调方法与空间优化策略——以张家港为例[J].城市发展研究，2018，25（3）：32—38.

[28] 陈海燕. 转变经济发展方式背景下土地集约利用机理

研究[D].南京：南京农业大学，2011.

[29] 陈善华，何华. 多规合一数据管理与应用平台建设研究[J].地理空间信息，2017，15（12）：35－38.

[30] 陈雯，孙伟，陈江龙. 我国市县规划体系矛盾解析与"多规合一"路径探究[J].地理研究，2017，36（9）：1603－1612.

[31] 陈雯. 我国区域规划的编制与实施的若干问题[J].长江流域资源与环境，2000，（2）：141－147.

[32] 程超. 基于"多规合一"的城乡空间管制区划研究——以鄂州市为例[D].武汉：华中科技大学，2016.

[33] 崔许锋，王珍珍. "多规合一"的历史演进与优化路径[J].中国名城，2018，（8）：34－39.

[34] 董志海，张伟，包万隆，等. "细化与简化"并举的县域空间管制体系——基于玉门部省"多规合一"试点的若干思考[J].环境保护，2016，（14）：45－51.

[35] 多米尼克·斯特德，文森特·纳丁，许玫. 欧洲空间规划体系和福利制度：以荷兰为例[J].国际城市规划，2009，（2）：71－77.

[36] 范晨璟，朱跃华，宋晓杰. 县域"十三五"规划编制"多规合一"的探索——以响水县为例[J].改革与开放，2015，（23）：49－51.

[37] 范小勇，杨佳. 面向规划管理的城市开发边界划定思

考：规划60年：成就与挑战——2016中国城市规划年会论文集（10城乡治理与政策研究）[C].北京：中国建筑出版社，2016.

[38] 高春茂.日本的区域与城市规划体系[J].国外城市规划，1994，（2）：35—41.

[39] 高小云."多规合一"到空间规划体系重构刍议[J].住宅与房地产，2017，（4）：259.

[40] 古超.生态保护红线区划与城市空间管制区划协调性研究[D].陕西：西北大学，2017.

[41] 顾朝林.论中国"多规"分立及其演化与融合问题[J].地理研究，2015，34（4）：601—613.

[42] 郭理桥."一张蓝图"多规融合[J].智能建筑与城市信息，2014，（6）：24—25.

[43] 郭谁琼.县级层面"多规合一"的空间规划边界辨析：2017城市发展与规划论文集（"多规合一"与空间规划体系变革）[C].海南，北京邦蒂会务有限公司，2017.

[44] 郭晓芳."多规合一"法律探讨——以《厦门经济特区多规合一管理若干规定》为视角[J].人大研究，2016，（11）：38—42.

[45] 郭耀武，胡华颖."三规合一"？还是应"三规和谐"：对发展规划、城乡规划、土地规划的制度思考[J].广东经济，2010，（1）：33—38.

[46] 何锋，张青峰，王力，等.基于改进生态足迹模型的

县域生态可持续评价[J].农业工程学报，2011，27（5）：320—328.

[47] 何书言，林静玉，李艺，等.生态保护红线划定的情景分析方法及生态管治应用[J].环境保护，2017，（23）：64—69.

[48] 何子张，赖晓霞，旺姆.从"多规合一"到空间治理体系建构的厦门实践与思考：规划60年：成就与挑战——2016中国城市规划年会论文集（10城乡治理与政策研究）[C].北京：中国建筑出版社，2016.

[49] 侯现慧.生态文明背景下"三线"协调划定研究——以湖北省襄阳市为例[D].北京：北京中国地质大学，2017.

[50] 胡俊.规划的变革与变革的规划：上海市规划与土地利用规划"两规合一"的实践与思考[J].城市规划，2010，34（6）：20—25.

[51] 胡天新，杨保军.国家级空间规划在发达国家的演变趋势[C]规划50年——2006中国城市规划年会论文集（上册）.2006.

[52] 黄常锋，何伦志.相对资源承载力模型改进及其应用[J].中国环境科学，2012，32（2）：366—372.

[53] 黄宏源，袁涛，周伟.日本空间规划法的变化与借鉴[J].中国土地，2017，（8）：30—32.

[54] 黄勇，周世锋，王琳，等."多规合一"的基本理念与技术方法探索[J].规划师，2016，32（3）：82—88.

[55] 霍子文,李乔琳,杨箐丛,等.生态文明改革视角下"多规"生态管制衔接研究——以昆明市滇池流域地区"多规合一"为例:规划60年:成就与挑战——2016中国城市规划年会论文集(10城乡治理与政策研究)[C].北京:中国建筑出版社,2016.

[56] 姬超.基于多规合一的生态用地红线优化研究——以盈江县为例[D].云南:云南财经大学,2018.

[57] 江苏省城镇化和城乡规划研究中心.厦门市"多规合一"工作对江苏的启示——厦门市规划委员会调研报告[J].江苏城市规划,2016,(3):4—6.

[58] 姜鹏.从"空间的规划"到"空间规划"的跃进[J].北京规划建设,2018,(3):161—163.

[59] 金兵兵,马桂云,刘洋,等."多规合一"信息平台设计及关键技术研究[J].测绘工程,2017,26(7):52—56.

[60] 金龙新,朱红梅,陈伊翔.基于多规合一的县域国土空间开发规划编制框架构建[J].国土与自然资源研究,2015(6):29—33.

[61] 景哲."多规合一"下生态保护红线划定方法的思考——以鹰潭市为例[J].河南农业,2017,(4):45—46.

[62] 康鹏,陈卫平,王美娥.基于生态系统服务的生态风险评价研究进展[J].生态学报,2016,36(5):1192—1203.

[63] 孔繁宇.基于GIS的一张图规划成果管理体系设计[J].

测绘工程，2015，（9）：66—70.

[64] 李边疆. 土地利用与生态环境关系研究[D].南京：南京农业大学，2007.

[65] 李秉宇，单学军，张琳，等. 基于"多规合一"视角的永久基本农田划定——以大连市旅顺口区为例[J].环境保护，2016，（16）：66—68.

[66] 李冬雪，潘湖江，刘诗芳. 基于"多规合一"的城市开发边界划定研究：持续发展理论性规划——2017中国城市规划年会论文集（11城市总体规划）[C].北京：中国建筑出版社，2017.

[67] 李团胜，赵丹，石玉琼.基于土地评价与立地评估的泾阳县耕地定级[J].农业工程学报，2010，26（5）：324—328.

[68] 李妍，张超，朱小卉，等. 用地紧约束背景下上海新市镇总规的转型——以青浦区华新镇、金泽镇为例[J].城市规划学刊，2017，（8）：174—181.

[69] 李志启.总书记点赞开化"多规合一"试点经验——浙江省发展规划研究院为开化县"多规合一"试点匠心绘蓝图[J].中国工程咨询，2016，（7）：10—14.

[70] 李钟俊."多规合一"的规划体系展望[J].山西建筑，2017，43（12）：15—16.

[71] 梁江，穆丹，孙晖. 荷兰国家基础设施与空间规划战略的评估与启示[J].国际城市规划，2014，（6）：72—80，86.

[72] 梁启帆，姚慧英，胡佳，等．"多规合一"背景下综合控制线体系构建研究[J].规划师，2016，（32）：190—193．

[73] 廖曰文，章燕妮．生态文明的内涵及其现实意义[J]. 中国人口·资源与环境，2011，（S1）：377—380．

[74] 林坚，乔治洋，叶子君．城市开发边界的"划"与"用"——我国14个大城市开发边界划定试点进展分析与思考[J]. 城市规划学刊，2017，（2）：37—43．

[75] 林坚，乔治洋．博弈论视角下市县级"多规合一"研究[J].中国土地科学，2017，31（5）：12—19．

[76] 林坚，文爱平．林坚：重构中国特色空间规划体系[J].北京规划建设，2018，（4）：184—187．

[77] 林明华．以"多规合一"推进行政审批制度改革——厦门的实践与思考[J].厦门特区党校学报，2017，（1）：68—73．

[78] 林小虎，沈洁，郑晓华．城市开发边界划定中的建设用地规模控制与"两规"协调——以南京市城市开发边界划定为例：规划60年：成就与挑战——2016中国城市规划年会论文集（09城市总体规划）[C].北京：中国建筑出版社，2016．

[79] 刘东，封志明，杨艳昭．基于生态足迹的中国生态承载力供需平衡分析[J]. 自然资源学报，2012，27（4）：614—624．

[80] 刘金花，郑新奇．基于改进生态足迹模型的市域主体功能区划[J].农业工程学报，2013，29（13）：226—236．

[81] 刘力兵. "多规合一"视角下建设用地规模的差异来源及统筹思路：新常态：传承与改革——2015中国城市规划年会论文集（09城市总体规划）[C].北京：中国建筑出版社，2015.

[82] 刘平辉，郝晋珉. 土地利用分类系统的新模式——依据土地利用的产业结构而进行划分的探讨[J]. 中国土地科学，2003，17（1）：16—26.

[83] 刘全波，陈柳新，谢冬. 深圳市基于"一张图"理念的规划整合[J].城市规划，2013，306（2）：90—96.

[84] 刘仨. 县域空间规划"三区三线划定方法研究"——以眉县为例[D].陕西：西北大学，2018.

[85] 刘彦随，王介勇. 转型发展期"多规合一"理论认知与技术方法[J].地理科学进展，2016，35（5）：529—536.

[86] 卢为民，蒋琦珺. 以多规合一推进大都市土地资源的优化配置路径[J].中国土地，2017，（1）：34—36.

[87] 逯新红.日本国土规划改革促进城市化进程及对中国的启示[J].城市发展研究，2011，（5）：34—37.

[88] 罗超，王国恩，孙靓雯. 从土地利用规划到空间规划：英国规划体系的演进[J].国际城市规划，2017，32（4）：90—97.

[89] 罗琛. 基于"多规合一"的上林县国土空间综合分区与优化开发研究[D].南宁：广西师范学院，2016.

[90] 吕红迪，万军，王成新，等. 环境规划参与"多规合一"多种模式的思考与建议[J]. 环境保护科学，2016，42（3）：24—27.

[91] 麻春晓，毛蒋兴，罗国卿."多规合一"中差异图斑处理探析——以南宁市为例[J].广西师范学院学报（自然科学版），2018，35（2）：86—94.

[92] 马会宁."多规合一"下城市开发边界模拟系统开发与应用研究[D].河南：河南农业大学，2016.

[93] 马琪，刘康，刘文宗，等. 干旱半干旱区生态保护红线划分研究——以"多规合一"试点榆林市为例[J].地理研究，2018，37（1）：158—170.

[94] 马明，李咏，杨璐."多规合一"视角下寿县生态保护红线划定实践[J].安徽建筑大学学报，2018，26（5）：59—65.

[95] 梅志敏."多规合一"面临的困难及对策建议[J].江西建材，2016，（23）：30.

[96] 门晓莹，徐苏宁. 基于建立权力清单的城乡规划管理改革探索[J].城市规划，2014，（12）：23—27.

[97] 孟鹏，冯广京，吴大放，等."多规冲突"根源与"多规融合"原则——基于"土地利用冲突与'多规融合'研讨会"的思考[J].中国土地科学，2015，29（8）：3—9.

[98] 闵媛慧，张明. 江南丘陵城镇周边永久基本农田调整研究——以瑞金市为例[J].江西科学，2017，35（1）：107—

112.

[99] 牛慧恩. 国土规划、区域规划、城市规划——论三者关系及其协调发展[J].城市规划，2004，28（11）：42—46.

[100] 潘安，吴超，朱江. 规模、边界与秩序——"三规合一"的探索与实践[M].2014，中国建筑工业出版社.

[101] 彭文甫，周介铭，罗怀良，等. 城市土地利用变化对生态系统服务价值损益估算——以成都市为例[J]. 水土保持研究，2011，18（4）：43—51.

[102] 钱凤魁，王秋兵，李娜. 基于耕地质量与立地条件综合评价的高标准基本农田划定[J]. 农业工程学报，2015，37（11）：225—232.

[103] 钱紫华，何波.重庆市区县城乡总体规划编制改革的得与失[J].规划师，2010，（6）：50—53.

[104] 任梗睿，周小伟，耗一龙. "多规合一"背景下村规划编制实践——以重庆市某村规划为例[J].中外建筑，2017，（8）：141—145.

[105] 桑劲，徐莉，王煜坤. 协同规划、三维聚合、渐进改革——"多规合一"的工作框架探索[J].规划师，2017，（5）：33—38.

[106] 邵一希. 多规合一背景下上海国土空间用途管制的思考与实践[J].上海国土资源，2016，37（4）：10—17.

[107] 邵永星.基于混沌蚁群算法的"多规合一"差异图斑

配置优化研究[D].南京：南京师范大学，2018.

[108] 申贵仓，王晓，胡秋红. 承载力先导的"多规合一"指标体系思路探索[J].环境保护，2016，44（15）：59—64.

[109] 沈迟，许景权."多规合一"的目标体系与接口设计研究——从"三标脱节"到"三标"衔接的创新探索[J]. 规划师，2015，31（2）：12—17，26.

[110] 沈迟. 我国"多规合一"的难点及出路分析[J].环境保护，2015，41（Z1）：17—19.

[111] 沈洁，李娜，郑晓华.南京实践：从"多规合一"到市级空间规划体系[J].规划师，2018，34（10）：119—123.

[112] 沈洁，林小虎，郑晓华，等. 城市开发边界"六步走"划定方法[J].规划师，2016，32（11）：45—50.

[113] 施开放，刁承泰，孙秀锋，等.基于耕地生态足迹的重庆市耕地生态承载力供需平衡研究[J]. 生态学报，2013，33（6）：1872—1880.

[114] 石坚，车冠琼."多规合一"背景下城市增长边界划定与管理实施探讨[J]. 广西社会科学，2017，（11）：147—150.

[115] 史家明，范宇，胡国俊，等.基于"两规融合"的上海市国土空间"四线"管控体系研究[J].城市规划学刊，2017，（7）：31—41.

[116] 宋真真. "反规划"理念下的土地利用总体规划研究——以柳州市区为例[D].武汉：华中农业大学，2011.

[117] 苏涵，陈皓."多规合一"的本质及其编制要点探析[J].规划师，2015，31（2）：57—62.

[118] 苏文松，徐振强，谢伊羚.我国"三规合一"的理论实践与推进"多规融合"的政策建议[J].城市规划学刊，2014，（6）：85—89.

[119] 孙安军.空间规划改革的思考[J].城市规划学刊，2018，（1）：10—17.

[120] 孙炳彦."多规"关系的分析及其"合一"的几点建议[J].环境与可持续发展，2016，（5）：7—10.

[121] 孙立，马鹏.21世纪初日本国土规划的新进展及其启示[J].规划师，2010，（2）：90—95.

[122] 孙玉婷，吴掠栀，秦萧."多规合一"信息平台架构设计——以南京市为例[J].测绘通报，2017，（12）：117—121.

[123] 孙玉婷，殷为华，王涛.德国国家空间规划的最新进展解析与启示[J].上海城市规划，2007，(3)：54—58.

[124] 谭兴业，殷键，邹莹，等.面向"多规合一"的沈阳市生态控制线划定研究：持续发展理论性规划——2017中国城市规划年会论文集（08城市生态规划）[C].北京：中国建筑出版社，2017.

[125] 唐子来，李京生.日本的城市规划体系[J].城市规划，1999，（10）：50—54.

[126] 田梅.大学生生态文明意识构建[J].贵州师范学院学

报，2011，（1）：54—57.

[127] 汪劲柏，赵民. 论建构统一的国土及城乡空间管理框架——基于对主体功能区划、生态功能区划、空间管制区划的辨析[J]. 城市规划，2008，32（12）：44—52.

[128] 汪晓燕. 多规合一背景下的鹰潭市城市周边永久基本农田划定研究[D].南昌：江西农业大学，2017.

[129] 汪子茗. 由"三规合一"走向"三规叠合"的路径与策略[J].规划师，2015，31（2）：22—26.

[130] 王吉勇. 分权下的"多规合一"——深圳新区发展历程与规划思考[J].城市发展研究，2013，20（1）：23—29.

[131] 王京海，张京祥，何鹤鸣，等. 面向实施的区域空间管制政策设计——基于苏中、苏北水乡地区的实证[J]. 规划师，2016，32（8）：46—50.

[132] 王晶，李阿娟，胡建飞. 哈密市伊州区"多规合一"实践探索——"三区三线"的划定[J].科技经济导刊，2017，（19）：143—144.

[133] 王俊，何正国. "三规合一"基础地理信息平台研究与实践——以云浮市"三规合一"地理信息平台建设为例[J].城市规划，2011，35（S1）：74—78.

[134] 王立军，郑彦. 开化县开展"多规合一"改革的经验与启示[J].党政视野，2016，（6）：18—22.

[135] 王璐，杨洁，胡明月，等.广州市土地利用生态服务

价值测算研究[J].水土保持通报，2009，29（4）：229－234.

[136] 王璐."多规合一"背景下上海市规划土地信息平台建设初探[J].科技资讯，2018，（18）：9－10.

[137] 王蒙徽.推进政府职能转变：实现城乡区域资源环境统筹发展——厦门市开展"多规合一"改革的思考与实践[J].城市规划，2015，（39）：69－74.

[138] 王唯山，魏立军.厦门市"多规合一"实践的探索与思考[J].规划师，2015，（2）：46－51.

[139] 王向东，刘卫东.中国空间规划体系：现状、问题与重构[J].经济地理，2012，32（5）：7－15，29.

[140] 王向东，刘卫东.中国空间规划体系：现状、问题与重构[J].经济地理，2012，（5）：7－15，29.

[141] 王晓，张璇，胡秋红，等."多规合一"的空间管制分区研究[J].中国环境管理，2016，（3）：21－24，64.

[142] 王旭阳，黄征学.他山之石：浙江开化空间规划的实践[J].城市发展研究，2018，25（3）：26－31.

[143] 王艳.区域环境价值的核算方法与应用研究[D].济南：中国海洋大学，2006.

[144] 王玉国，尹小玲，李贵才.基于土地生态适宜性评价的城市空间增长边界划定——以深汕特别合作区为例[J].城市发展研究，2013，（11）：76－82.

[145] 王岳，舒沐晖，康盈.生态红线划定与基于"多规合

一"探索的实施保障机制探讨：规划60年：成就与挑战——2016中国城市规划年会论文集（12规划实施与管理）[C].北京：中国建筑出版社，2016.

[146] 王岳. 重庆市空间规划体系改革实践[J].城市规划学刊，2018，（2）：50—56.

[147] 王云才，吕东，彭震伟，等.基于生态网络规划的生态红线划定研究——以安徽省宣城市南漪湖地区为例[J]. 城市规划学刊，2015，（3）：28—35.

[148] 王志芳，许云飞，蔡扬，等. 德国景观规划对我国"多规合一"的启示[J].现代城市研究，2017，（8）：84—89.

[149] 王婧媛. 县域"多规合一"中"三生空间"划定方法研究 ——以周至县为例[D].陕西：西北大学，2017.

[150] 卫丹阳，胡文涓. 厦门市"多规合一"平台运行思考[J].城市建筑，2017，（9）：74—77.

[151] 魏广君，董伟，孙晖."多规整合"研究进展与评述[J].城市规划学刊，2012，（1）：76—82.

[152] 文辉，钟笃粮，王大伟. 荷兰规划特点及对我国的启示[J].宏观经济管理，2012，（11）：82—84.

[153] 吴建平.创新规划工作提升治理能力——厦门市的实践与启示[J].城乡规划，2017，（5）：4—12.

[154] 吴若谷，周君，姜鹏.城镇开发边界划定的实践与比较[J].北京规划建设，2018，（3）：80—83.

[155] 吴晓琳.重庆江津"多规合一"实践与思考[J].城乡建设，2017，（20）：27—29.

[156] 吴晓松，张莹，吴虑.20世纪以来英格兰城市规划体系的发展演变[J].国际城市规划，2009，（5）：45—50.

[157] 吴燕.上海土地利用规划编制与管理的改革探索[J].中国土地，2017，（8）：10—17.

[158] 吴志强.德国空间规划体系及其发展动态解析[J].国外城市规划，1999，（4）：2—6.

[159] 席鹏轩.安康市中心城区开发边界划定研究[D].陕西：西北大学，2018.

[160] 肖利军.分析"多规合一"与空间规划体系重构的联系[J].智能规划，2018，（10）：58—59.

[161] 谢高地，甄霖，鲁春霞，等.一个基于专家知识的生态系统服务价值化方法[J].自然资源学报，2008，23（5）：911—919.

[162] 谢鸿宇，陈贤生，杨木壮，等.中国单位畜牧产品生态足迹分析[J].生态学报，2009，29（6）：3264—3270.

[163] 谢锦鹏.基于"多规融合"的国土空间规划协调性评价[J].广东土地科学，2014，13（4）：18—22.

[164] 谢敏.德国空间规划体系概述及其对我国国土规划的借鉴[J].国土资源情报，2009，（11）：22—26.

[165] 谢英挺，王伟.从"多规合一"到空间规划体系重构

[J].城市规划学刊，2015，（3）：15—21.

[166] 熊健，范宇，宋煜.关于上海构建"两规融合、多规合一"空间规划体系的思考[J].城市规划学刊，2017，（7）：42—51.

[167] 徐彬.东北三省生态文明时空格局与演变趋势研究[D].哈尔滨：哈尔滨师范大学，2017.

[168] 徐东辉."三规合一"的市域城乡总体规划[J].城市发展研究，2014，21（8）：31—33.

[169] 许景权，沈迟，胡天新，等.构建我国空间规划体系的总体思路和主要任务[J].规划师，2017，33（2）：5—11.

[170] 许景权.空间规划改革视角下的城市开发边界研究：弹性、规模与机制[J].规划师，2016，32（5）：5—15.

[171] 许丽君，朱京海，战明松，等.市县"多规合一"试点实施现状总结及展望[J].规划师，2016，32（S2）：185—189.

[172] 宣晓伟."多规合一"改革中的政府事权划分[J].城市与区域规划研究，2018，（1）：74—92.

[173] 严金明，陈昊，夏方舟."多规合一"与空间规划：认知、导向与路径[J].中国土地科学，2017，31（1）：21—27，87.

[174] 严智丹，王宁宁.城市"多规融合"的再思考[J].北京城市学院学报，2016，（1）：1—5.

[175] 杨保军，张菁，董柯.空间规划体系下城市总体规划

作用的再认识[J].城市规划，2016，（3）：9—14.

[176] 杨飞，马超，方华军. 脆弱性研究进展：从理论研究到综合实践[J]. 生态学报，2018，39（2）：1—11.

[177] 杨玲. 基于空间管制的"多规合一"控制线系统初探——关于县（市）域城乡全覆盖的空间管制分区的再思考[J].城市发展研究，2016，23（2）：8—15.

[178] 杨楠，刘治国，由宗兴. "多规合一"下的沈阳市中心城区生态保护红线划定[J].规划师，2017，33（7）：91—97.

[179] 杨郑鑫，吴昊天，齐烨. 从"两规合一""多规融合"走向城乡统筹的思路探讨——2015中国城市规划年会论文集（09城市总体规划）[C].北京：中国建筑出版社，2015.

[180] 姚凯. "资源紧约束"条件下两规的有序衔接——基于上海"两规合一"工作的探索[J].城市规划学刊，2010，（3）：26—31.

[181] 叶昌乐，郑延敏，张媛媛. "两规"新旧土地利用分类体系比较[J].热带地理，2013，33（3）：276—281.

[182] 尹向东，潘韫静.空间管制分区——规划协调的基础空间平台[C].城乡治理与规划改革——中国城市规划年会论文集，2014.

[183] 余军，易峥.综合性空间规划编制探索——以重庆市城乡规划编制改革试点为例[J].规划师，2009，（10）：90—93.

[184] 俞可平. 科学发展观与生态文明[J]. 马克思主义与现

实，2005，（4）：4—5.

[185] 袁奇峰，谭诗敏，李刚，等. 空间规划：为何？何为？何去？[J].规划师，2018，34（7）：11—17，25.

[186] 翟国方. 日本国土规划的演变与启示[J].国际城市规划，2009，（4）：85—90.

[187] 翟腾腾，郭杰，欧名豪.基于相对资源承载力的江苏省建设用地管制分区研究[J].中国人口.资源与环境，2014，24（2）：69—75.

[188] 詹国彬."多规合一"改革的成效、挑战和路径选择[J].中国行政管理，2017，（11）：33—38.

[189] 张东升. 城乡规划规模、边界的协调研究：规划60年：成就与挑战——2016中国城市规划年会论文集（12规划实施与管理）[C].北京：中国建筑出版社，2016.

[190] 张舵，王洁."多规合一"视角下空间规划体系构建的探讨[J].住宅与房地产，2017，（10）：115.

[191] 张建平. 我国国土空间用途管制制度建设[J]. 中国土地，2018，（4）：12—15.

[192] 张杰.英国2004年体系下发展规划实证研究——以英格兰地区为例[J].国际城市规划，2015，30（1）：86—94.

[193] 张捷. 论总规改革、"多规合一"及全域管控——以甘肃省永靖县城乡总规为例[J].上海城市规划，2017，（4）：94—100.

[194] 张骏杰，高延利，蔡玉梅，等. 基于"多规合一"的市级国土空间优化方法[J].地理科学进展，2018，37（8）：1045－1054.

[195] 张克."多规合一"背景下地方规划体制改革探析[J].行政管理改革，2017，（5）：30－34.

[196] 张琼．"多规合一"规划工作重点和难点探析——以广州市花都区为例[J].住宅与房地产，2017，（12）：82.

[197] 张少康，温春阳，房庆方，等.三规合一：理论探讨与实践创新[J].城市规划，2014，38（12）：78－81.

[198] 张书海，冯长春，刘长青.荷兰空间规划体系及其新动向[J].国际城市规划，2014，（5）：89－94.

[199] 张书海，赵晓宇，刘长青.空间规划的海外经验探讨[J].国土资源情报，2018，（5）：36－43.

[200] 张文彤，殷毅，吴志华，等.建立"一张图"平台，促进规划编制和管理一体化[J].城市规划，2012，36（54）：84－87.

[201] 张翔."破除权责壁垒，推动地方政府转变职能"[J].中共中央党校学报，2011，15（2）：33－37.

[202] 张晓云，郭晓君，阎阳."反规划"建设真正生态城市[J].河北建筑工程学院学报，2016，34（4）：57－60.

[203] 张晓云，郭晓君，阎阳."反规划"建设真正生态城市[J].河北建筑工程学院学报，2016，34（4）：57－60.

[204] 张学玲，余文波，蔡海生，等. 区域生态环境脆弱性评价方法研究综述[J]. 生态学报，2018，38（16）：5970—5981.

[205] 张焱，徐蔚奕，王波，等. 基于"多规合一"的城镇开发边界划定方法探析——以常熟市辛庄镇为例[J]. 国土资源科技管理，2017，34（5）：96—103.

[206] 张永姣，方创琳. 空间规划协调与多规合一研究：评述与展望[J]. 城市规划学刊，2016，（2）：78—87.

[207] 张玉娴，黄剑. 关于我国空间管制规划体系的若干分析和讨论[J]. 现代城市研究，2009，（1）：27—29.

[208] 张子明. 基于"多规合一"的城镇增长边界划定研究——以萍乡市为例[D]. 南昌：东华理工大学，2018.

[209] 赵兴国，潘玉菌，丁生，等. 中国省域土地利用可持续性评价及时空格局特征[J]. 农业工程学报，2014，30（3）：196—204.

[210] 赵雲泰，葛倩倩. "多规合一"视角下的国土空间规划——以榆林试点为例[J]. 国土资源情报，2018，（8）：22—29.

[211] 郑泽爽. 多规融合的实施管理机制研究-以珠海实践为例[J]. 城市发展研究，2017，24（11）：22—28.

[212] 周静，胡添新，顾永涛. 荷兰国家空间规划体系的构建及横纵协调机制[J]. 规划师，2017，33（2）：35—41.

[213] 周静，沈迟. 荷兰空间规划体系的改革及启示[J]. 国

际城市规划，2017，32（3）：113－121.

[214] 周世锋，秦诗立，王琳，等.开化"多规合一"试点经验总结与深化建议[J].浙江经济，2016，(8)：50－51.

[215] 周姝天，翟国方，施益军.英国空间规划经验及其对我国的启示[J].国际城市规划，2017，32（4）：82－89.

[216] 周艺霖.基于国际经验的国土空间规划体系重构研究[J].广东土地科学，2018，17（2）：4－11.

[217] 周颖，濮励杰，张芳怡.德国空间规划研究及其对我国的启示[J].长江流域资源与环境，2006，(7)：410－414.

[218] 朱光磊，张志红."职责同构"批判[J].北京大学学报，2005，42（1）：36－43.

[219] 朱红芳，徐健.新形势下推进战略空间规划改革的路径探索——以开化县"多规合一"试点为例[J].住宅与房地产，2017，(2)：236.

[220] 朱江，邓木林，潘安."多规合一"：探索空间规划的秩序和调控合力[J].城市规划，2015，(1)：41－47.

[221] 朱江，谢楠雄，杨桓."多规合一"中生态环境管控的探索与实践——以湖南临湘市"多规合一"工作为例[J].环境保护，2016，(15)：56－58.

[222] 朱江，杨箐丛，詹浩.面向全域土地用途管制的空间规划实践探索—以宁夏回族自治区平罗县空间规划为例[J].城市建筑，2018，(6)：22－26.

[223] 朱美青，黄宏胜，史文娇，等.基于"多规合一"的基本农田划定研究——以江西省余江县为例[J].自然资源学报，2016，31（2）：2111—2121.

[224] 宗仁.中国土地利用规划体系结构研究[D].南京：南京农业大学，2004.

后 记

不知不觉间，已经在美丽优雅的吉大走过了十年的时间，十年里，我完成了学业，并收获了可贵的知识，更积攒了宝贵的人生财富！回首走过的岁月，心中倍感充实，在本书完成之际，心中感慨颇多。

首先，我要感谢我的母校，母校深厚的文化底蕴和浓厚的学习氛围为我提供了求知的平台，成长的沃土。其次，我要以最诚挚的感情感谢我的导师王冬艳教授，在学业上，对我谆谆教诲，孜孜不倦，尤其在本书撰写期间为我提出了宝贵的修改意见；在生活上，她总是像慈祥的母亲一样，关心我的生活，舒缓学习期间的压力，鼓励我乐观上进。王冬艳教授有着大家的气度、深邃的思维、广阔的视野、严谨的治学态度、渊博的知识、创新的思维和高尚的人格，并使我受益良多，我也会在今后的科研道路上以导师为榜样，不畏险阻、奋勇前进！

再次，我要感谢吉大地球科学学院的授课教授们，他们精彩的授课、讲座与学术讨论，开阔了我的视野，丰富了我的学识，对我的学习和成长提供了莫大的帮助。接下来我要感谢诸位同门师兄弟姐妹，感谢他们对我的支持和鼓励，感谢他们对我的帮助和关心，感谢与他们进行的每一次学术探讨、问题交流。同窗情谊，一生温馨！非常感谢能与他们同门求学，并与他们相识相知。我还要感谢我的朋友们，感谢他们在论文撰写期间给我的支持和鼓励，感谢他们陪我走过的每一个日日夜夜。

最为感谢的便是我的父母，感谢他们对我的生育之恩、养育之情，感谢他们这些年默默地站在我的身后，照顾我的生活，理解我的坚持，支持我的决定，包容我的成长，感谢他们作为我的后盾，为我提供了前进的原动力。